André de Guillaume

WIE MAN EIN
GENIE WIRD

$$Z_o = \frac{138}{\sqrt{Er}} \log \left(\frac{D}{d}\right) (ohms)$$

$$f_e = \frac{11.8}{\pi \left(\frac{D+d}{2}\right)} \sqrt{}$$

André de Guillaume

Wie man ein Genie wird

Aus dem Englischen von Petra Trinkaus

BASTEI LÜBBE

INHALT

Über den Autor

Testergebnisse deuten darauf hin, dass André de Guillaume das Zeug zum echten Genie hat, anscheinend stand er jedoch eine Zeit lang »auf der Schwelle«. Er betätigte sich erfolgreich* auf den verschiedensten Gebieten (siehe »Warum ich kein Genie bin«) und wurde aufgrund seiner Universalbildung, seines Engagements in Selbsthilfegruppen für Genies und seiner Fähigkeit, Tausend Worte in dreieinhalb Stunden herauszuhauen, speziell* als Autor dieses Buches auserwählt. Zurzeit befasst er sich, wie die Mathematiker sagen, damit, »an ein paar Problemen zu arbeiten«.

Wie man dieses Buch benutzt

Die beste Art, dieses Buch zu benutzen, ist die, es zu lesen. Die beste Art, es zu lesen, ist die, es auseinanderzunehmen, ohne Einband oder Bindung zu beschädigen, und dann die Seiten in nummerierter Abfolge an eine Wand des Wohnzimmers zu kleben. Sobald man das geschafft hat, sollte man sich für jeden Tag ein Leseziel setzen und dieses einhalten. Der Verlag übernimmt keinerlei Verantwortung für die Nichteinhaltung des Lesepensums seitens der Leser. Jeder Leser sollte es sich zum Prinzip machen, über das nachzudenken, was er liest. Immer.

(* Adverbien möglicherweise unzutreffend)

Sie wollen also ein Genie werden?

—◆—

»Man wird nicht als Genie geboren, man wird es.«

SIMONE DE BEAUVOIR

SIE WOLLEN ALSO EIN GENIE WERDEN?

Sie wollen ein Genie werden. Wie schön für Sie. Vielleicht haben Sie schon drei Fünftel des Weges geschafft. Vielleicht stehen Sie an der Schwelle zu Ruhm und Reichtum oder an allen möglichen anderen Schwellen. Testen Sie Ihren Marktwert.

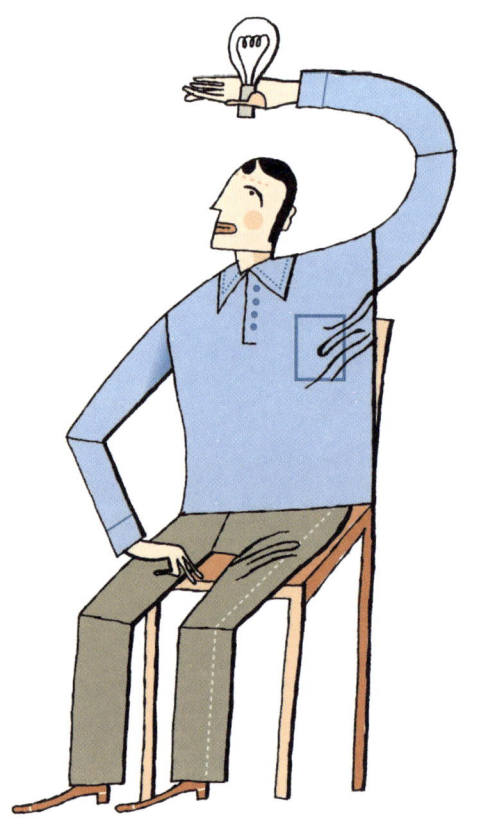

Lust auf ein Leben als Genie

> »Ich habe mein Genie auf mein Leben verwendet und auf
> meine Werke nur mein Talent.« – Oscar Wilde

Wer wäre nicht gern ein Genie? Genies wecken Ehrfurcht. Sie
sind die Crème der Menschheit. Sie sind die Elite der Geschichte. Sie rütteln auf. Genies besitzen herausragende, einzig-
artige Talente, die intellektuell und häufig auch in gewisser
Hinsicht schöpferisch sind. (Ein Weltklasse-Singvogelimitator
wird nur selten als Genie anerkannt. Es sei denn, er oder sie
macht nebenbei noch etwas anderes.) Laienhaft ausgedrückt
denkt das Genie neue Gedanken. Und das erweckt Ehrfurcht.

Neben der Vergötterung auf Ihrem Fachgebiet können Sie
als Genie noch Folgendes erwarten:

- dass Reiche und Mächtige Sie mögen;[*]

- dass die Menschen an Ihren Lippen hängen;

- dass Sie an sexueller Attraktivität gewinnen;

- dass Sie mit schöner Regelmäßigkeit Preise verliehen
  bekommen;

- dass Speichellecker Ihre Rechnungen bezahlen.

[*] Es muss allerdings darauf hingewiesen werden, dass manche Sie eventuell
genauso sehr verabscheuen werden.

Die häufigsten Missverständnisse

Es gibt eine Reihe von weitverbreiteten Vorstellungen über Genies, die schlicht und einfach falsch sind. (Falls Sie ein Genie sind, können Sie diese falschen Vorstellungen natürlich entlarven.) Fußballer sind keine Genies. Golfer auch nicht. Diese Wahrheiten sind zwar selbstverständlich, für manche aber schmerzlich. Das sollten sie jedoch nicht sein. Tatsache ist, dass Genies die Wahrheit lieben. Sie verzehren sich danach. Auch wenn sie wehtut.

Kultur ist relativ, kumulativ und knifflig. Man ist versucht, prominente Sportler, Sänger und Filmregisseure als Genies anzusehen, weil sie uns emotionale und psychologische Erkenntnisse bescheren, mit denen wir nie gerechnet hätten. Sicherer ist es jedoch, sie lediglich als Entertainer zu betrachten. Entertainer können Genies sein (siehe Kapitel vier), aber das kommt selten vor. Genies auf dem Gebiet der Kunst müssen nach ihrer Universalität, Langzeitwirkung und formalen Entwicklung beurteilt werden. Das ist kompliziert (es sei denn, Sie sind ein Genie).

Weit verbreitete Vorurteile

- Dass Genie aus 1 Prozent Inspiration und 99 Prozent Transpiration besteht. Je größer die erste Prozentzahl, desto kleiner die zweite. So funktioniert das mit Prozentzahlen.

- Dass Sie nicht menschlich sind.

- Dass Sie völlig verrückt sein müssen.

LEONARDO DA VINCI (1452–1519) – UNIVERSALGENIE

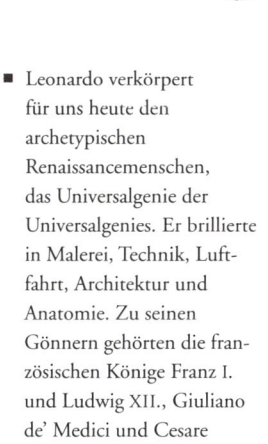

- Leonardo verkörpert für uns heute den archetypischen Renaissancemenschen, das Universalgenie der Universalgenies. Er brillierte in Malerei, Technik, Luftfahrt, Architektur und Anatomie. Zu seinen Gönnern gehörten die französischen Könige Franz I. und Ludwig XII., Giuliano de' Medici und Cesare Borgia.

- Unter anderem erfand er den Hubschrauber mehr als vier Jahrhunderte, bevor irgendjemand es schaffte, einen zu bauen.

- Sein Beitrag zum Gemälde *Die Taufe Christi* seines Lehrers Andrea del Verrocchio markiert den Beginn der italienischen Hochrenaissance.

- Seine Notizen schrieb er häufig in Spiegelschrift. Dahinter könnte der Versuch stecken, seine Ideen geheim zu halten, oder eine Methode, wie er es als Linkshänder vermeiden konnte, die Tinte zu verwischen.

- 1504 malte er die *Mona Lisa*, höchstwahrscheinlich das Porträt der Gemahlin Francesco del Giocondos, das zum berühmtesten Gemälde der Welt wurde.

- Durch seinen Superstar-Status wurde Leonardo zum Liebling der Verschwörungstheoretiker: Man hat ihm alles Mögliche unterstellt, von der Fälschung des Turiner Grabtuches bis zur Verschleierung der Nachkommenschaft Christi.

Haben Sie Geniepotenzial?

»Talent, das im Begreifen liegt, ist oft ererbt, Genie,
das im Wirken der Vernunft oder Fantasie liegt, dagegen
selten oder nie.« – Samuel Taylor Coleridge

Ein herausragendes Talent ist natürlich lediglich die erste Voraussetzung. Es garantiert noch gar nichts. Sie brauchen außerdem Durchhaltevermögen, Mumm, Glück und dürfen nicht vor der Pubertät an Schwindsucht sterben – und dergleichen mehr. Wenn Sie aber so tun wollen, als zählten solche Dinge nicht, oder wenn Sie ein analytisches System finden, das Ihnen erlaubt, diese Einflüsse außer Acht zu lassen oder zumindest zeitweilig zu ignorieren, können Sie sich eine Checkliste nehmen und Kästchen abhaken. Das macht sogar Genies Spaß.

Ihr Potenzial

Nutzen Sie diese elf Schritte – der Test ist insofern ein IQ-Test, als er ein »Intelligent Questionnaire«, ein intelligenter Fragebogen ist –, um abzuschätzen, wie leicht oder wie unwahrscheinlich es für Sie ist, ein Genie zu werden. Beachten Sie, dass dieser Fragebogen nur von Menschen über vier Jahren ausgefüllt werden sollte – so nicht eine extreme Genialität vorliegt.

Könnten Sie ein Genie sein?

1. Mögen Sie ...
   a) Mathe?
   b) Physik?
   c) Noch mehr Mathe und noch mehr Physik?
   Schreiben Sie sich einen Punkt für a) und/oder b) an.
   Zwei Punkte für c).

2. Interessieren Sie sich für ...
   a) das Universum?
   b) Universalaussagen?
   c) Golf?
   Ein Punkt für b), zwei Punkte für a). Eigentlich komisch.

3. Was haben Sie sich als Kind angesehen?
   a) Zeichentrickfilme
   b) Russische Filme aus dem Zweiten Weltkrieg
   c) Die Katze
   Drei Punkte für c), zwei für b). Das ist so eben noch plausibel,
   wenn man darüber nachdenkt.

4. Haben Sie jemals ...
   a) ein vierblättriges Kleeblatt gefunden?
   b) eine Kathedrale entworfen?
   c) ein Patent angemeldet?
   Zwei Punkte, wenn mehr als einer der obigen Punkte zutrifft.

5. Haben Sie jemals gesagt:
   a) »Wissen ist der schwankende Gipfel, auf dem wir stehen und
   die Welt betrachten.«

b) »Wissen ist die Bibliothek und solches Zeug. Oder?«

c) »Wissen liegt westlich von Siegen.«

Die korrekte Antwort lautet: Nichts dergleichen. Zwei Punkte.

6. Bewerten Sie die folgenden Aussagen auf einer Skala von eins bis zehn, wobei eins für »Niemals!« und zehn für »Ich bin der Boss. Ich bin der Boss. Ich bin der Boss« steht.

a) »Ich würde meine Frau, meine Kinder, mein Heim opfern – alles für meine Karriere.«

b) »Ich muss nur Crowthornes Arbeit aus Professor Lodges Fach nehmen und meine hineinlegen.«

c) »Ich mag Mathe unheimlich gern.«

Falls Sie irgendeine dieser Aussagen mit höher als fünf bewerten, hat Ihr Potenzial gerade zwei Punkte dazugewonnen.

7. Was sind Sie für ein Mensch, eher …?

a) Ja

b) Nein

c) Vielleicht

Kein Wunder, dass »Nein« nichts bekommt. Ansonsten kassieren Sie einen Punkt für a), zwei für c).

8. Sie fühlen sich am wohlsten in …

a) einem Labor.

b) einem staubigen Universitätszimmer.

c) dem Café einer Coffeebar-Kette.

Aufgrund vertraglicher Verpflichtungen bekommen Sie für a) und b) zwei Punkte, für c) dagegen vier. Und denken Sie daran, das Genie liebt Cappuccino zum Mitnehmen!

9. Die bisherigen acht Fragen waren gönnerhaft und haben meinen Intellekt nicht gefordert.
    a) Stimmt.
    b) Stimmt nicht.
    c) Empfinde Leere und Langeweile.
    Keine Punkte für »Stimmt nicht«. Ansonsten: Bedienen Sie sich.

10. Welche Aussage spricht Ihre Gehirnwindungen am ehesten an?
    a) »Körperliche Betätigung hilft mir bei der Konzentration.«
    b) »Durch körperliche Betätigung wirke ich fit und damit attraktiver fürs andere Geschlecht.«
    c) »Körperliche Betätigung? Niemals!«
    Ein Punkt für jede Aussage. Potenziell drei Punkte.

11. Letzte Gedanken?
    a) Okay.
    b) Jo!
    c) Cappuccino?
    Ja, c) bekommt die Punkte.

So, zählen Sie Ihre Punkte zusammen. Viele Punkte sind gut. Nicht viele sind schlecht. Und alles dazwischen ist, nun ja… mittelmäßig.

Als Genie sollten Sie mittlerweile begriffen haben, dass dieser Fragebogen an Sinnlosigkeit kaum noch zu übertreffen ist. Er dient lediglich dazu, Sie zum Nachdenken über Ihr Leben und dessen Potenzial zur Genialität anzuregen.

Methoden des Intelligenztrainings

Sie haben Potenzial. Sie sind auf dem besten Weg. Ein außergewöhnlicher Intellekt benötigt jedoch wie jeder Muskel regelmäßiges Training. Sie müssen sich ein paar Strategien aneignen, um Ihren brillanten Geist bei Höchstleistung zu halten. Ihr blendender Verstand braucht ständige Pflege.

Die folgenden Tipps sind bewährte Methoden, Ihre kognitiven Zahnräder in Bewegung zu halten. Deren Anwendung kann Ihnen nur gut tun.

- Versuchen Sie immer, wenn Sie bar bezahlen, im Kopf das Wechselgeld auszurechnen, bevor die Kasse es tut.

- Versuchen Sie immer, wenn Sie in der Stadt durch eine Straße gehen, die Anzahl der parkenden Autos und die Länge der Straße zu schätzen. So können Sie den durchschnittlichen Raum, den jeder Wagen in Anspruch nimmt, und die maximale Parkkapazität der Straße berechnen. Sie können auch den benötigten Mindestabstand zwischen den Fahrzeugen festlegen und diesen Faktor in der Gleichung berücksichtigen. Passen Sie auf, dass Sie nicht überfahren werden – das würde Ihre Chancen, den angestrebten hohen Status zu erreichen, deutlich verringern.

- Denken Sie nicht in Schachteln, Schubladen und anderen Behältnissen. Versuchen Sie, ungewöhnliche konzeptionelle Konkordanzen herzustellen. Was passiert, wenn man eine Maus an einen Tennisball schnallt? Was, wenn man einer

Schlange das Gitarrespielen beibringt? Dies hilft Ihnen, neue Ideen und Inspirationen zu entwickeln. Kann ein Zitteraal genug Energie für vier Minuten Mikrowelle liefern?

- Nehmen Sie einen Notizblock, und schreiben Sie »IDEEN« auf den Umschlag. Wenn Sie Rechtshänder sind, schreiben Sie mit links, und umgekehrt. So wirkt Ihre Schrift kindlich, und die Historiker werden glauben, Sie hätten diese Ideen in unvorstellbar zartem Alter gehabt.

- Merken Sie sich Dinge. Ihr Superhirn braucht als Futter so viele Informationen, wie es nur kriegen kann. Füttern Sie es. (Weitere Hinweise siehe Kapitel sechs.)

- Lesen Sie schwierige Bücher. Das ist eine Grundvoraussetzung für die Ausbildung zum Genie. Sie müssen wissen, was alle anderen gedacht haben, um sicherzugehen, dass Ihre Idee einzigartig ist.

- Versuchen Sie, auf neue Art zu denken: in Zahlen, Formen, Farben, Metaphern. Die Fähigkeit zum Andersdenken ist eine wichtige und nützliche Begabung.

FALSCHES VERHALTEN

Vermeiden Sie folgende Charakterzüge, wenn Sie das Beste aus Ihrem Leben machen wollen.

- **Faulheit.** Faulheit ist in gewisser Hinsicht in Ordnung. Aber selbst wenn Sie auf einer Chaiselongue abhängen und bestes chinesisches Opium Ihnen das Gehirn vernebelt, sollten Sie mental stets auf Ihr derzeitiges Projekt konzentriert bleiben.

- **Dummheit.** Da gibt es kein Vertun – ein Genie ist nicht dumm. Reißen Sie sich zusammen, und denken Sie etwas Komplexes, sobald Sie sich bei etwas Dummem ertappen.

- **Ideologisches Engagement.** Wenn Sie Flagge zeigen, könnte es sein, dass Ihr Schiff sinkt. Ein Genie glaubt an die Wahrheit. Und an sonst gar nichts.

- **Sucht.** Ein Genie ist für Süchte fast genauso anfällig wie normale Leute. All diese potenziellen Genies, die es nie schafften, weil ihre Sucht sie übermannte – wir kennen nicht einmal ihre Namen.

- **Kommerz.** Tun Sie es nicht für Geld. Sie können eine Menge Geld verdienen, und das sei Ihnen auch gegönnt. Aber das sollte nicht Ihre Motivation sein. Es funktioniert einfach nicht.

- **Langeweile.** In der Kindheit ist sie noch okay, danach aber ist Langeweile keinesfalls zu tolerieren. Sie sollte lediglich als flüchtige Erinnerung daran dienen, dass Dinge zu erledigen sind. Wer ein Superhirn hat, sollte es benutzen.

- **Witze.** Kennen Sie einen guten Philosophen-Witz? Eben.

- **Gewalt.** Es gibt immer Ausnahmen. Im Allgemeinen jedoch ist das Motto »Wer durch das Schwert lebt, wird durch das Schwert umkommen« für den durchschnittlichen Teilchenphysiker eine Spur zu extrem.

1. KAPITEL

Vor- und Nachteile der Genialität

»Neuerer und Genies wurden zu Beginn
(und sehr häufig auch am Ende)
ihrer Laufbahn fast immer für Narren
gehalten.«

FJODOR DOSTOJEVSKI

VOR- UND NACHTEILE
DER GENIALITÄT

❦

Die Genialität hat ernste Auswirkungen auf Ihr Leben, ja, sie wird sogar zu Ihrem Leben. Deshalb sollten Sie die Vor- und Nachteile abwägen, falls Sie echte Grenzüberschreitungen anstreben.

Die Früchte des Genies

Vielleicht erscheint Ihnen Genialität als kostenlose Eintrittskarte zu einem Leben voller glamouröser Soireen mit der intellektuellen Elite, Champagnerflöte in der Hand, eine schöne Frau im Arm, umgeben von einem Pulk lächelnder Speichellecker. Doch womöglich verwechseln Sie diese Szene mit dem Lebensstil eines Diplomaten. Starten Sie besser gleich mit den richtigen Erwartungen. Betrachten wir zunächst die zahlreichen Vorteile.

Status

Genie ist das Ultimative an Status. Sie können groß sein; Sie können ein Koloss sein; Sie können eine Legende sein. Als Genie können Sie außerdem Geheimnisse haben. Die Sache ist doch die: Keiner kennt so gut wie Sie gewisse Wahrheiten über die Welt. Die Menschen werden Sie in ehrfürchtigem Staunen anstarren. Das kann befriedigend sein. Genies sind göttergleich – über jedes profane menschliche Erleben erhaben. Vor allem aber denken sie Neues für uns. Und das ist die kostbarste aller Gaben. Newton zeigte aller Welt, dass das Universum gleichsam ein großes mechanisches Spielzeug ist, und war Mathematiker genug, das auch zu beweisen. Er wurde Vorsteher der Königlichen Münze und Präsident der Royal Society. Ja, die Gaben der Genies verändern unsere Welt. Deshalb schenkt man ihnen R-E-S-P-E-K-T.

Gesellschaftliches Umfeld

Was kann man mit Respekt anfangen? Der göttergleiche Intellekt besitzt in Bezug auf die Regeln des gesellschaftlichen Zusammenlebens so viele Freiheiten, wie die Impressionisten Farben auf der Palette hatten. Sie sollten auf keinen Fall das Gefühl haben, sich benehmen oder wirken zu müssen wie Normalsterbliche.

Kleidung

Der Pianist Glenn Gould hatte immer Angst zu frieren. Selbst wenn es nicht kalt war. Deshalb trug er bei seinen Konzerten dicke Mäntel und Mützen. Einstein hatte manchmal keine Socken an. Sie können sich von Konventionen frei machen, weil Sie Höheres im Sinn haben. Und das ist okay.

»Alles fürs Genie«

Legen Sie sich keine Zügel an, wenn es ums Benehmen geht! Hier sind die Erwartungen und Zugeständnisse anderer Menschen hilfreich. »Er ist Bertrand Russell. Ich *musste* einfach mit ihm schlafen!«, klingt ausgesprochen vernünftig. Dasselbe gilt für: »*Natürlich* zuckt er, als hätte er keinerlei Kontrolle über seinen Körper. Das ist Samuel Johnson, der Erfinder des Wörterbuchs!«

Machen Sie sich einen Namen

Ihr Namen sollte mit irgendetwas in Verbindung stehen. Wie der Satz des Pythagoras oder das Möbiusband – jedenfalls irgendetwas Einprägsames. Im Idealfall finden Sie ein hübsches universales Gesetz, das nach Ihnen benannt wird. Vielleicht sagt Ihnen Zur *Elektrodynamik bewegter Körper* nichts, wahrscheinlich aber haben Sie von $E=mc^2$ gehört. Vielleicht ist Ihnen vage bewusst, dass ein in eine Flüssigkeit eingetauchter Körper von einer Kraft Auftrieb erhält, die dem Gewicht der verdrängten Flüssigkeit entspricht, vermutlich haben Sie aber eher vom archimedischen Prinzip gehört.

Der Name des Genies wird zum Synonym für seine oder ihre Ideen – denken Sie an Darwin, Newton, Curie. Ja, der Name des Genies. Denn er wird ewig leben – Ihr Name verbunden mit Ihrer Idee, versteht sich, Sie aber nicht. Es ist eine Art ewiges Leben. Aber keines, das Sie erleben werden. Und was heißt schon »ewig«?

Mit etwas Glück genießen Sie ein oder zwei Jahrzehnte lang soliden Ruhm und werden vergöttert. Das sollte die Mühe wert sein. Jeder weiß, wer Sie sind, Sie können folglich Ihre Vorstellungen von modischen und gesellschaftlichen Unzulänglichkeiten umsetzen und tatsächlich das Leben eines Übermenschen führen.

Der Wohlfühlfaktor

Dann ist da natürlich diese gute, altmodische satte Selbstzufriedenheit. Diese Ihre Idee – Ihr blendender Einfall – Sie hatten recht! Und jetzt sieht die ganze Welt die ganze Welt in einem anderen Licht, einem Licht, das Ihren Namen am Himmel erstrahlen lässt. Oder vielleicht sieht die Welt nur Dreiecke aus einem ganz anderen Blickwinkel; das läuft auf dasselbe hinaus. Das Verständnis der Menschheit für die zahllosen Geheimnisse ihres Lebens ist auf dem langen Weg zur Erleuchtung einen Schritt weitergekommen. Dank Ihnen. Klopfen Sie sich auf die Schulter. Alle anderen tun es auch.

ISAAC NEWTON (1642–1727) – PHYSIKER, ASTRONOM, MATHEMATIKER

- Newton, Sohn eines Bauern aus dem englischen Lincolnshire, besuchte das Trinity College in Cambridge. Er wurde dort Dozent und 1669 Professor.

- Newton interessierte sich für Optik – so sehr, dass er sich einmal eine Nadel in die Augenhöhle stach, um zu sehen, was passierte – und erfand das Spiegelteleskop, eine gewaltige Verbesserung gegenüber dem damals verwendeten Linsenteleskop.

- Sein Geniestreich *Philosophiae Naturalis Principia Mathematica* wurde 1687 veröffentlicht. Darin stellte er erstmals die Gesetze der Bewegung und universalen Schwerkraft vor.

- Newton bekam Probleme mit dem Urheberrecht und begann einen Disput mit Gottfried Leibniz über die Entdeckung der Differenzialrechnung. Nach Meinung der anderen Gelehrten erfanden die beiden sie gleichzeitig.

- Newton wurde 1705 von Königin Anne zum Ritter geschlagen (für seine Arbeit an der Königlichen Münze, nicht für wissenschaftliche Leistungen) und zu Recht in der Westminster Abbey begraben.

- Der Dichter Alexander Pope behandelte Newtons Verdienste mit mehr Respekt. Er verfasste den berühmten Grabspruch: »Natur und der Natur Gesetze waren in Nacht gehüllt / Gott sprach: Es werde Newton! und das All ward lichterfüllt.«

Nun zu den Nachteilen…

Wenn die Vorteile Sie nicht abgeschreckt haben, sollten Sie die Nachteile bedenken. Dieses ganze Kapitel ist eine einzige Gleichung mit Variablen. Gewissermaßen.

Rechnen Sie damit, einsam zu sein

Das Leben als Genie bringt es mit sich, dass man viel alleine ist. Das liegt an der benötigten Denkzeit und an den praktischen Voraussetzungen für das Schreiben von Dramen, Opern oder Berechnungen. Nicht nur auf dem Gipfel ist man einsam, sondern auch auf dem Weg dorthin.

Abgeschnitten von jeglicher sozialer Interaktion, kann Ihr Bestreben, Ihren Ideen Gestalt zu verleihen, Sie verzehren und vernichten. Ihre Brillanz kann bis zur Stummheit verblassen. Der Philosoph Immanuel Kant scheint Ende des 18. Jahrhunderts mindestens ein Jahrzehnt lang nichts gedacht zu haben, und eine Weile sah es so aus, als sei es mit ihm aus und vorbei. Dann aber gelang ihm ein starkes Comeback mit der blendend klugen *Kritik der reinen Vernunft*, die seinen Ruf festigte. Wenn Sie den Verlust an sozialen Kontakten ertragen können, wird sich die Isolation am Ende bezahlt machen.

Es gibt keine Unzurechnungsfähigkeitsklausel

Ihre Genialität kann Sie in den Wahnsinn treiben. Ihnen brennt schlicht das Gehirn durch. Dieser Zustand geht meist mit etwas Bettruhe, ein paar Elektroschocks oder einem kleinen operativen

Eingriff wieder weg. Wenn Sie bereits den Status eines Genies erlangt haben, wird man Sie nicht dabehalten, und Sie können nach Hause gehen und dort wie ein Schwach-sinniger vor sich hin brabbeln.

Manchmal kann Ihr Genie aber auch richtiggehend deprimierend sein. Vielleicht haben Sie keine irre neue Chemikalie entdeckt, die alle Welt amüsant findet; vielleicht haben Sie eine unangenehme Wahrheit über unser Leben oder unsere Welt aufgezeigt. Vielleicht liegt Ihr Genie in der Entdeckung, wie genau der in Kürze bevorstehende Weltuntergang ablaufen wird. Erwarten Sie nicht, dass Ihr Forschungsprojekt die reine Freude ist.

Sie wollen sagen, aber er war doch ein Genie?

Posthume Anerkennung ist um jeden Preis zu vermeiden. Je nach Standpunkt können Sie dies als ganz übles Pech betrachten oder als extremen Racheakt der Götter.

Häufig ist es nicht ganz so schlimm – falls Sie ein Shakespeare, Mozart oder Caravaggio sind, bekommen Sie auch zu Lebzeiten reichlich Anerkennung. Nur dass Ihre Zeitgenossen, so clever sie offenbar sind, vielleicht nicht ganz zu würdigen wissen, wie einzigartig Ihr Talent tatsächlich ist. Sie könnten jedoch auch im Armenhaus enden oder in Ungnade fallen oder einsam, bankrott und gezwungen sein, wie Rembrandt Ihr ganzes Zeug zu verkaufen. Das Allerletzte ist, dass Sie am Ende Ihres Lebens womöglich nicht wissen, ob die Nachwelt Ihnen ihren Segen geben wird. Aber seien Sie optimistisch. Sie wissen, dass Sie recht haben. Die anderen werden es schon irgendwann begreifen.

Kultivieren Sie einen genialischen Stil

Testen Sie die Grenzen des Stils schrittweise aus: in der einen Woche Ei auf der Krawatte, in der nächsten den Pullover verkehrt herum. Bemühen Sie sich um Originalität und begnügen Sie sich nicht mit Laborkittel und Turnschuhen. Ööööde.

1. Für welchen Stil Sie sich auch entscheiden, waschen Sie sich. Einem Penner will keiner einen Nobelpreis überreichen.
2. Seien Sie bescheiden gegenüber Präsidenten und Königen – sie sind einfach nicht schlau genug, um zu begreifen, warum Sie größer sind als sie.
3. Sorgen Sie dafür, dass Ihr Name dauerhaft mit der Idee verbunden ist. Das schafft man am besten, indem man so lange wie möglich am Leben bleibt.
4. Ihr Genie kann auf die Mächtigen durchaus anziehend wirken. Sehen Sie sich vor. Für Genies ist die Politik ein gefährliches Parkett. Sie wissen vielleicht mehr über Physik als jeder andere, aber Politiker halten sich nicht an Regeln.
5. Falls Sie mit Ihren Ideen Geld verdienen wollen, schrecken Sie nicht vor Eigenpropaganda zurück. Es hat Stephen Hawkings Profil keinen Abbruch getan, bei den Simpsons aufzutreteten.
6. Falls Sie ein künstlerisches Genie sind, halten Sie besser Ihr Geld fest. Natürlich gelingt Ihnen ein Comeback, aber vielleicht nicht mehr zu Lebzeiten.
8. Bemühen Sie sich, manchmal nach draußen zu gehen. Ein flotter Spaziergang tut Ihnen gut.
9. Doch letztlich stehen all diese Tipps im Schatten »der Idee«.

ZUSAMMENFASSUNG VON VOR- UND NACHTEILEN

Die Öffentlichkeit wird Sie unbeirrt lieben und anbeten.

Ihre Kollegen werden Sie hassen und an Ihrem Stuhl sägen. Unbeirrt.

Die Menschen denken stets an Sie, wenn sie Dreiecke zeichnen.

Die Menschen wissen nichts über Sie – außer dass Sie mal etwas über Dreiecke gesagt haben.

Sie können sich benehmen, als seien Sie völlig wahnsinnig.

Ihre fundamentale Wahrheit ist nicht beliebt.

Sie können sich benehmen, als seien Sie völlig und komplett wahnsinnig.

Vielleicht sind Sie tatsächlich völlig und komplett wahn-sinnig.

Ihr Name lebt fort bis in alle Ewigkeit.

Tatsächlich ist Ihnen das ewige Leben nicht vergönnt. Sosehr Sie sich das auch wünschen mögen.

2. KAPITEL

Frühe Anzeichen für Genialität

»Die Weigerung, kindische Züge abzulegen,
könnte eine Voraussetzung
für Genialität sein.«

REBECCA PEPPER SINKLER

FRÜHE ANZEICHEN FÜR GENIALITÄT

SIE SIND SICH NICHT HUNDERTPROZENTIG SICHER, OB SIE TATSÄCHLICH EIN
GENIE SIND? ES GIBT ZEICHEN. STUDIEREN SIE SIE. ZUMINDEST IN SOL-
CHEN DINGEN WIE INTERPRETIEREN UND DERGLEICHEN SOLLTEN SIE GUT
SEIN.

Das Wunderkind und der Spätentwickler

Viele Genies waren Wunderkinder. Man sollte also auf frühreifes Verhalten achten. Hier einige gute Fragen, die Sie sich stellen sollten: Wie viele Opern habe ich geschrieben? Stand ich mit den Händen an der Hosennaht in der Bibliothek und diskutierte mit den Dozenten aus dem College meines Vaters, als ich erst sechs war? Habe ich meine Teenagerzeit im Schuppen verbracht und Apparate und Explosionen fabriziert? Hat mein Vater Byzanz belagert? Falls Ihre Antworten fünf, ja, ja und ja lauten, in dieser Reihenfolge, sind Sie schon nah dran.

Ein weiterer ausgezeichneter Indikator für frühe Anzeichen gewaltiger Größe ist das »erstaunliche Werk«. Das könnte so etwas wie die Veröffentlichung eines Romans oder das Schreiben einer Sinfonie noch im Teenageralter sein. Doch im Allgemeinen ist es schon ein gutes Zeichen, seine Lehrer zu übertreffen.

Waren Sie kein Wunderkind, dann machen Sie sich keine Sorgen, Sie können immer noch ein Genie werden. Selbst wenn Sie bis in die Dreißiger nur durch Mittelmäßigkeit geglänzt haben, dann aber mit einer welterschütternden Idee oder Erfindung den Titel des Genies beanspruchen, werden die Biografen Ihre Vergangenheit verklären, bis sich herausstellt, dass Sie doch schon mit vier pi bis auf 50 Stellen nach dem Komma aufsagen konnten. Es ist jedoch hilfreich, wenn Sie ihnen Material an die Hand geben können.

WOLFGANG AMADEUS MOZART (1756–1791) – KOMPONIST

- Als Sohn von Leopold, dem stellvertretenden Kapellmeister des Hoforchesters des Erzbischofs von Salzburg, ging Mozart im Alter von sechs Jahren zum ersten Mal auf Europatournee.

- Der »Amadeus« in seinem Namen ist die latinisierte Form eines der Namen, die auf seiner Geburtsurkunde stehen: Theophilis.

- 1782 heiratete er gegen den Willen seines Vaters Constanze Weber. Sie war eine gute Ehefrau und gebar ihm sechs Kinder, konnte ihn aber nicht vom Geldausgeben abhalten. Mozart starb hoch verschuldet und wurde in einem Gemeinschaftsgrab in Wien bestattet.

- Joseph Haydn war ein enger Freund Mozarts. Haydn bezeichnete ihn als den größten Komponisten, den er kannte. Die beiden musizierten zusammen und gehörten sogar derselben Freimaurerloge an. Mozarts Oper Die Zauberflöte soll Freimaurersymbole und -ideen enthalten.

- Mozart schrieb 15 Messen, über 50 Sinfonien, 21 Klavierkonzerte und 21 Bühnenwerke und Opern.

- Zwei populäre Mythen, die auch durch Peter Shaffers Theaterstück Amadeus und dessen Verfilmung genährt wurden, sind die, dass Mozart von seinem Kollegen Antonio Salieri vergiftet wurde und dass er das Gefühl hatte, sein letztes Requiem nicht für seinen Auftraggeber, den Grafen Walsegg, sondern für sich selbst zu schreiben.

Was es bedeutet, wenn Sie Gleichungen lieben

Sie sind acht Jahre alt. Es ist Sonntag, und es regnet. Sie beobachten, wie die Regentropfen außen am Fenster herablaufen. Plötzlich sehen Sie eine Verbindung zwischen der Anzahl der Regenspuren und ihrer Laufgeschwindigkeit. Sie sehen eine Idee vor sich – nicht in Worten oder Symbolen, sondern in Formen und Lücken –, die eine grundlegende Wahrheit zu enthalten scheint. Kurz darauf begreifen Sie, dass Ihnen mathematische Ideen einfach so in den Kopf schießen. Sie denken über komplizierte Dinge nach und fühlen sich gut dabei. Sie sind auf dem Weg.

Gute Obsessionen fördern

Eines ist allen Genies gemeinsam: Sie denken gern und häufig über komplizierte Ideen nach. Die meisten Menschen bekommen vom Nachdenken über komplizierte Dinge Kopfschmerzen, werden wütend oder betrinken sich. Eine der Gefahren, denen Genies ausgesetzt sind, besteht darin, dass sie ihr Fachgebiet zur Flucht vor dem wirklichen Leben mit all seinen Launen nutzen. Klinisch betrachtet gibt es zwei Arten von Obsessionen: gute und schlechte. Eine gute Obsession hält Sie motiviert und neugierig, eine schlechte Obsession zerstört Sie und Ihre Liebsten. Sie haben die Wahl – oder auch nicht.

Sich in quadratische Gleichungen verlieben

Für die meisten Menschen sind Gleichungen langweiliges Zeug. Es übersteigt eben den Horizont der meisten Leute, die unermessliche Herrlichkeit eines Gleichheitszeichens, oder das universale Mysterium von x^2 zu begreifen. Diese algebraischen Ikonen geben dem jugendlichen Mathe-Wunderkind die Möglichkeit, die Welt als bedeutsam und ausbalanciert zu verstehen. Gleichungen sind nicht nur Beispiele strahlender Vollkommenheit in einer vor Hässlichkeit strotzenden Welt; sie haben außerdem Bestand. Sind Sie also ein aufstrebendes Zahlengenie, so suchen Sie sich eine einprägsame Gleichung, die Ihrem Namen Dauer verleiht.

Exzentrizität als Standard

Eines der besten Dinge an der Genialität ist, dass die Menschen eine gewisse Exzentrizität im Benehmen erwarten und daher bereit sind, diese zu tolerieren. Sie können Vorlesungen in Pantoffeln halten, während einer Essenseinladung in katatonische Starre verfallen oder sogar verrückt werden. Experimentieren Sie.

Ihr großer Verstand sieht die Dinge anders, und die große Masse weiß das. Je irrer Sie sich gebärden, desto größere Bewunderung schlägt Ihnen entgegen. Als Genie sind Sie wie ein Seher. Ihre Rolle besteht darin, sich zu verhalten, als gäbe es ein höheres Wissen, eine andere Realität. Und natürlich ist das der Fall. Ihr Genie versichert die Massen genau dieser Tatsache.

So bewahrt man sich vor der Zwangsjacke

Sie bestehen also aus einer Fülle schrulliger Ticks, aber das hat auch seine Nachteile. Der Mann auf der Straße erwartet schon fast, dass Sie wegen Ihrer seltsamen Lebensweise gelegentlich in die Zwangsjacke gesteckt und in die Gummizelle eines gruseligen viktorianischen Irrenhauses gesperrt werden. Man interpretiert Ihr Irresein auf der Basis der Vorstellung, dass der Grat zwischen Genie und Wahnsinn sehr schmal ist. Und wenn Sie es sich recht überlegen, sind Sie womöglich tatsächlich verrückt. Das Problem ist, dass Ihr Denken bis an die Grenzen der Vernunft gehen muss, und das Herumhängen an den Grenzen der Vernunft hat seinen Preis.

Ihre gesellschaftlichen Unzulänglichkeiten können daraus resultieren, dass Sie zu oft einsame Pfade beschreiten. Die Stunden, die Sie mit Spaziergängen in den abgeschiedenen Hügeln über der Stadt bei freiem Assoziieren und dem Herumzappen zwischen den Nervenverbindungen verbringen, entfremden Sie den Regeln der Konversation. Bedenken Sie aber auch, dass die Regeln der Konversation. Machen Sie sich also nicht zu viele Gedanken. Gefühllosigkeit oder Hitzköpfigkeit sind in Wirklichkeit Teile des größeren Gesamtbildes eines extrem abweichenden Verhaltens. Überlegen Sie, wie Sie exzentrisch und liebenswert zugleich sein können. Das ist die populärste Kombination. Es kann so einfach sein, wenn man zum Beispiel jeden Tag dieselbe ausgeleierte Strickjacke trägt oder alle Welt mit »geheimnisvoller Barde« anredet. Es scheint nur eine Kleinigkeit, doch die Biografen lieben so einen individuellen Touch.

FÜNF WEGE ZUM EXZENTRISCHEN BENEHMEN

- Verbringen Sie so viel Zeit wie möglich mit Denken.

- Sprechen Sie alles aus, was Ihnen in den Kopf kommt.

- Halten Sie alles schriftlich fest.

- Führen Sie fast nie etwas zu Ende.

- Verbringen Sie so viel Zeit wie möglich allein.

Wer ist Papa?

Die Abstammung spielt bei Genies häufig eine wichtige Rolle. Im Wesentlichen sollten Sie nach dem etwas Außergewöhnlichen suchen. Vielleicht war Ihr Vater von Adel, Ihre Mutter ein Bauernmädchen. Vielleicht hatten Sie einen Onkel, der Zigeuner war, bei Familienfesten Geige spielte und Ihre Liebe zur Anthropologie förderte. Vielleicht wuchsen Sie bei Hofe auf und erhielten Privatunterricht von einem griechischen Philosophen. All das sind gute Zeichen und ist äußerst vielversprechend.

Einen Nachteil zum Vorteil wenden

Einige Punkte sollten Sie hinsichtlich Ihrer Kindheit berücksichtigen. Es ist hilfreich, wenn Ihre Eltern emotional gestört, abwesend, Alkoholiker oder tot sind. Sie brauchen etwas, das Ihnen früh ein Gefühl von Verlust, Schmerz oder Sehnsucht vermittelt. Falls Ihre Mutter im Kindbett oder Ihr Vater vor Ihrer Geburt stirbt, ist auch das hilfreich.

Ob es Ihnen gefällt oder nicht, ein paar anständige psychische Narben werden sich auf lange Sicht auszahlen. Und zwar insofern, als das Wunderkind dadurch bereits früh eine Welt emotionaler und intellektueller Einsamkeit und Isolation betritt. (Nach Aussage der meisten Gesundheitsexperten sollten Einsamkeit und Isolation nur in kleinen Dosen eingenommen werden, kurze Schübe können jedoch die Einbildungskraft von lästigen Dingen wie Freundschaft, Romanzen und den lähmenden Fesseln des gesellschaftlichen Konformismus befreien.)

Einzelgänger zu sein, birgt natürlich gewisse Risiken. Manche Einzelgänger werden tatsächlich keine Genies – sie werden Psychopathen. Psychopathie ist nicht förderungswürdig.

Familienstruktur? Adoptivkind, Waisenkind, Einzelkind, eines von zwölf, vom Vater abgöttisch geliebt, vom Vater vernachlässigt, von beiden Eltern vernachlässigt, vernachlässigt von den Eltern und allen elf Geschwistern (bis zu jenem einen Tag beim Frühstück, an Ihrem 10. Geburtstag, als Sie etwas sagten und plötzlich allen ein Licht aufging.) Welches Szenario Sie wählen, spielt keine große Rolle. Jede Familienkonstellation birgt Möglichkeiten. Wie immer sind Isolation und irgendeine Form von Kindheitstrauma oder Vernachlässigung hilfreich.

Schule wird überbewertet

Wenn Sie nicht gerade Schüler eines florentinischen Malers werden, ist die Schule häufig gar nicht so wichtig. Allein und zu Hause von brillanten Eltern oder einem pädagogischen Betreuer unterrichtet zu werden, kann den Lernprozess beschleunigen, Ihnen intellektuelle Überlegenheit über Ihre Altersgenossen (falls Ihnen welche begegnen) verschaffen und Sie zu der Überzeugung bringen, dass das Leben Schwerstarbeit ist. Außerdem sollte so dafür gesorgt sein, dass Sie im gesellschaftlichen Umgang gehandicapt sind. Vergessen Sie nicht, ob man Sie nun im Alter von vier Jahren an eine Violine schnallt oder Sie in den prägenden Jahren bei einer irren Tante aussetzt, Ihre Familie steuert einfach nur ihren Teil dazu bei, Sie auf die Straße zum Genie zu bringen.

Genie und Geschlecht

Im Lauf der Geschichte haben Frauen es immer an die Spitze geschafft, wenn man sie ließ. Dieses »Wenn man sie ließ« ist verantwortlich für das *Frauenproblem* in der Weltrangliste der Genies. Wenn wir danach suchen, finden wir reichlich Beweise für die Leistungen von Frauen. Denken Sie an das Werk von Sofonisba Anguissola (Hofmalerin bei Philipp II. oder an die Brillanz eines Stilllebens von Clara Peeters (das Sie bestimmt schon mindestens einmal auf einer Postkarte gesehen haben).

Schlechte Chancen

In patriarchalischen Kulturen wurde die Mitwirkung von Frauen nur zu oft untersagt oder behindert. Sehen Sie sich nur Clara Schumann an: Pianistin, Komponistin und Ehefrau von Robert Schumann. Falls Sie eine Frau sind und eine Laufbahn als Genie erwägen, benötigen Sie eine Extraportion an Entschlossenheit, um den regnerischen Montagmorgen gönnerhafter Mutmaßungen und sexistischer Bigotterie aushalten zu können*.

Die Chancen, dass ein Mann zum Genie wird, stehen 1 zu 238 Millionen. Die Chancen, dass eine Frau zum Genie wird, stehen 1 zu 812 Millionen. Wie schon Pythagoras wusste – alles eine Frage der Mathematik.

*Eine andere Möglichkeit für ehrgeizige Frauen ist das sogenannte »Macht hinter dem Thron«-Szenario, es ist eine Art Genie aus zweiter Hand. Sie brauchen dazu einen mächtigen, intelligenten Mann, dem es an Fantasie fehlt.

Ihr geheimer Stammbaum

Die folgende Background-Checkliste hilft Ihnen einzuschätzen, wie vielversprechend der Nährboden Ihrer Entwicklungsjahre ist. Sie sollten sie metaphorisch, symbolisch und frei interpretieren. Suchen Sie das Gute im Menschen, auch in sich selbst, und rechnen Sie mit Rivalen.

Sind Sie ein angehendes Genie?

1. Sie haben einen Abschluss …
   a) von der Sorbonne;
   b) von der Akademie in Athen;
   c) aus dem Internet.

2. Ihre Hobbys sind:
   a) Internet-Schach gegen einen Supercomputer spielen;
   b) Versepen in einer selbst erfundenen Sprache dichten;
   c) Playstationspiele.

3. Bei Ihrer Geburt sagte die Hebamme:
   a) »Ein Junge!«
   b) »Was ist das?«
   c) »Ach, ein Mädchen. Macht nichts, Frau Einstein.«

4. Ihr bester Freund in der Kindheit war:
   a) imaginär;
   b) Ihre Mutter;
   c) Douglas von nebenan.

5. Ihre Lieblingsmusik ist:
    a) ein Streichquintett, dass Sie mit zwölf komponiert haben;
    b) das Ding mit der Stille von John Cage;
    c) Abba.

6. Ihr Vater sagt Sachen wie:
    a) »Der Papst hat mich nach Rom gerufen.«
    b) »Du bist ein Lichtstrahl, mein Kind, ein Lichtstrahl.«
    c) »Ich habe kein Waschmittel mitgebracht, weil es nicht auf der Liste stand.«

7. Ihr Meerschweinchen hieß:
    a) Euklid;
    b) x^2;
    c) Herr Meerschweinchen.

8. Ihr erstes Lebensziel war:
    a) Lokführer;
    b) Unsterblichkeit;
    c) Mit 21 einen BMW zu fahren.

Falls Sie überwiegend a) oder b) angekreuzt haben, könnten Sie genietauglich sein. Haben Sie überwiegend c) angekreuzt, sollten Sie sich zum Ausgleich auf das Herausarbeiten Ihrer exzentrischen Seite konzentrieren. Das ist Ihre einzige Chance.

DIE TOP FIVE DER WUNDERKINDER

- **Wolfgang Amadeus Mozart.** Der vom Vater unterrichtete kleine Wolfie war ein frühreifes Kind. Er war bereits mit acht Jahren ein alter Bühnenhase.

- **Blaise Pascal.** Vom Vater unterrichtet und häufig in der Gesellschaft von Philosophen, lieferte er bereits als Teenager Abhandlungen.

- **Pablo Picasso.** Vom Vater unterrichtet, ein echtes Malerwunderkind, war er nie dazu bestimmt, einen Schulabschluss zu machen.

- **Leonardo da Vinci.** Zumindest wurde da Vinci von seinem Vater abgeschoben. Aber auch hier übertraf der Teenager-Lehrling bald seinen Meister.

- **William Sidis.** Mit elf hielt er vor den hohen Tieren des Harvard Mathematical Club einen Vortrag über »vierdimensionale Körper«. Er war immer etwas schüchtern und wurde zu einer Art Einsiedler.

3. KAPITEL

Eine kurze Geschichte der Genialität

»Es gibt für die Menschen nichts Göttliches
und Beseligendes als das, was allein
der Mühe wert ist, nämlich das, was an Denkkraft
und Vernunft in uns ist.«

ARISTOTELES

EINE KURZE GESCHICHTE DER GENIALITÄT

ALS HOCH ENTWICKELTER AFFE SIND SIE EIN PRODUKT IHRER GENE, INTELLEKTUELL JEDOCH SIND SIE EIN PRODUKT IHRES UMFELDES. IHR UMFELD MUSS INTELLEKTUELL DYNAMISCH SEIN. DAZU BRAUCHT ES ETWAS GLÜCK. ZUM BEISPIEL WAREN PHILOSOPHIE, MATHE, KULTUR UND DENKEN IM ALLGEMEINEN BEI DEN ALTEN GRIECHEN WICHTIG, EBENSO IM FRÜHEN ISLAM, IN DER CHRISTLICHEN KIRCHE DES MITTELALTERS ABER NICHT SO BELIEBT.

Philosophische Wunderkinder

Wollen Sie wissen, wie alles angefangen hat? Versetzen wir uns in eine andere Zeit. Eine Zeit, in der fast alles »prä« war. Eine Zeit, die dringend Gesprächsthemen brauchte. Kommt her, Heraklit, Pythagoras, Sokrates, Plato, Aristoteles, Aischylos, Aristophanes, Euripides, Sophokles, Homer. Eine Spitzenmannschaft. Sie bescherten uns Philosophie, Dichtung, Drama, etwas Mathematik, Politik – Sie wissen schon, die »Kultur«. In ihren Schriften und Überlieferungen hielten sie an der Überzeugung fest, dass der Beweis der Schlüssel zum Wissen ist. Rationale Deduktion war der Weg nach vorn. Klingt immer noch frisch, nicht? Außerdem ist es ein weiterer Zauberschlüssel zum Geniestatus – denn den werden Sie beweisen müssen.

Die sokratische Methode

Sokrates stellte gern viele Fragen. Er suchte nach Widersprüchen und Übereinstimmungen und solchen Sachen. So etablierte er die Ethik als Forschungsgebiet und verschaffte der Philosophie als solcher einen guten Start.

Doch wer zu viel fragt, den ist man irgendwann leid und zwingt ihn, Schierling zu trinken, wie es dem armen alten Sokrates widerfuhr. Was auch immer Ihr konzeptionelles Gebiet ist, denken Sie daran, dass Ideen gefährlich sein können; sie können die Menschen aufbringen.

Der Clan

Sokrates unterrichtet Plato. Plato gründet die Akademie, die erste Philosophische Fakultät der Welt, und unterrichtet Aristoteles. Aristoteles unterrichtet einen Jungen, aus dem später Alexander der Große wird. Na gut, Alexander hat nicht unterrichtet, aber dieser Clan von Geistesgrößen ist ein guter Beweis für die Vorstellung einer frühen Geniehochburg im Mittelmeerraum.

Von Gladiatoren abgelenkt

Aus irgendeinem Grund haben es die römischen Philosophen schlicht nicht so gebracht wie die griechischen. Es gab römische Philosophen, aber sie erreichten einfach nicht solche Höhen. Dann machte sich das Christentum in Europa breit, und die Philosophie sank jahrhundertelang in einen Dornröschenschlaf. Im Mittelalter gibt eine brandneue Religion, der Islam, der Philosophie ein Zuhause.

Wie in alten Zeiten

Gott sei Dank für die Renaissance? Nein, Dank sei Aristoteles und den Jungs aus Griechenland und Rom, die nach über einem Jahrtausend wieder in Mode kommen. Es ist Zeit für ein ganz neues Füllhorn von Philosophen mit verrückten und einprägsamen Namen: Kopernikus, Machiavelli, Erasmus, Montaigne, Descartes, Spinoza.

Und weiter ging's, eine veritable Aufklärung – Kant, Hegel, Marx, Nietzsche. Eine ganze Wagenladung an Weltklasse-Denkern.

Die Mathe-Gurus

Dieses Mal können wir bei den Babyloniern, Ägyptern und Sumerern anfangen. Sie erfanden sozusagen die Geometrie. Die half bei der Landwirtschaft und beim Bauen. Aber wieder waren es die Griechen, die sich den Ball schnappten und damit davonstürmten. So wie James Brown als der Godfather of Soul, also der Pate des Soul, gilt, gilt Euklid wegen seines Mathematikbuchs *Elemente* als Pate der Geometrie. Euklid schrieb alles auf, damit wir es heute lesen können. Und das führt zu einem weiteren Prinzip der Geniewerdung: Genialität muss aufgezeichnet werden, um überdauern zu können.

Woraus besteht die Welt?

Die Naturwissenschaften sind kompliziert. Die Geschichte der Naturwissenschaften ist ebenfalls kompliziert. Chemie, Physik und Biologie tauchen in der Antike auf, jedoch nicht in einer Form, dass wir sie als solche erkennen würden. Natürlich schätzten präwissenschaftliche Kulturen Zinn, Blei, Gold, Kupfer und Bronze, daher beherrschte man ein wenig Chemie. Aber wie in der Geometrie wollte eine bestimmte Gruppe von Leuten die Sache systematisch angehen. Empedokles kam auf die Idee, dass alle Materie aus Elementen besteht. Brillant! Aber er entschied, dies seien Erde, Wind, Feuer und Wasser. Interessant, aber nicht ganz so brillant. Eigentlich ein Schuss ins Blaue. Demokrit glaubte, alle Materie bestehe aus Partikeln (*atomos*), was sich ebenfalls als Spitzenidee herausstellte. Selbst wenn man sich 2000 Jahre lang nicht wirklich damit befasste.

Die Krise im Mittelalter

Im Mittelalter geht es in den Naturwissenschaften nur um Alchemie und Schießpulver. (Dieser Trend – Wissenschaft als Mittel zu Reichtum oder Krieg – bleibt uns natürlich bis heute erhalten.) Es besteht echter Bedarf an einem Genie, das kommt und aufzeigt, dass Alchemie nur ein Haufen Blödsinn ist. Aber das ist ein langwieriger Prozess. Aus der Renaissance entwickelt sich langsam die Aufklärung. An dem Prozess sind diverse perückentragende, halskrausenbesetzte und wirrköpfige exzentrische Aristokratentypen beteiligt, denen auffällt, dass unterschiedliche Stoffe unterschiedliche Eigenschaften besitzen und dass man »Elemente« vielleicht nach ihren Eigenschaften analysieren und ordnen könnte. Dann nutzen diverse irre Typen »Experimente«, um diverse irre Chemikalien zu »erfinden«. Wasserstoff und Sauerstoff werden »entdeckt«. Es ist alles ein bisschen chaotisch und bruchstückhaft. Und eine gute Zeit für Genies.

Der größte Name in der Chemie, Dmitri Mendelejew, ist vielleicht deshalb so groß, weil er diese Elemente schließlich in seinem Periodensystem sortierte. 1869 brachten sein Periodensystem und sein Zauberschlüssel – das Atomgewicht – jene Elemente in eine Ordnung, zu denen Empedokles all die vielen Jahrhunderte zuvor einen Geistesblitz gehabt hatte. Mendelejew überquert als Erster die Ziellinie, zwinkert dem Publikum schalkhaft zu und holt sich seine Genie-Medaille ab.

STEPHEN HAWKING (*1942) – PHYSIKER

- Hawking begann am Oxforder University College ein Mathematikstudium, wechselte dann aber zur Physik, weil sie ihm interessanter erschien. Später belegte er in Oxford einen Postgraduiertenkurs in Astronomie, wechselte dann aber das Fach und die Universität, weil ihm theoretische Kosmologie in Cambridge interessanter erschien.

- Mit 21 erkrankte Hawking an amyotrophischer Lateralsklerose, einer Erkrankung des motorischen Neurons, der sogenannten Charcot-Krankheit. Man gab ihm nur noch wenige Jahre. Durch die Krankheit schwer behindert, lebte und arbeitete er dennoch weiter.

- *Eine kurze Geschichte der Zeit* ist Hawkings bekanntestes Buch. Es erschien 1988 und verkaufte sich über neun Millionen Mal.

- 1975 schloss Kip Thorne vom California Institute of Technology mit Hawking eine Wette über die Existenz schwarzer Löcher ab: Falls jemand ihre Existenz bewiese, sollte Thorne ein Jahresabo von *Penthouse* bekommen. Sollte sich ihre Nicht-Existenz erweisen, erhielte Hawking ein Vier-Jahres-Abo des Detektivmagazins *Private Eye*. Hawking hat sich geschlagen gegeben.

- 1993 spielte Hawking in einer Folge von Star Trek sich selbst.

Das moderne Genie

Die Verkörperung des modernen Genies ist kein Geringerer als Stephen Hawking. Er ist modern, weil er computerisiert und technisch ist. Außerdem aber ist er Science-Fiction und somit eine Art paranormale fiktionale Figur. Das nachzumachen ist definitiv eine harte Nuss. Sie müssten sich zum Beispiel zunächst als Genie etablieren und sich dann selbst klonen, danach könnten Sie zu einem weiteren Genie heranwachsen und so weiter und so fort. Aber eigentlich sollte Ihnen mittlerweile klar sein, dass das so nicht funktioniert.

Geschichtstest

1. Laut Henry Ford ist Geschichte:
   a) Müll;
   b) Tüll;
   c) hühl;
   d) Gefühl.

2. Die Philosophie begann:
   a) 455 v. Chr;
   b) 555 v. Chr;
   c) 2000 v. Chr;
   d) in den Köpfen der Höhlenmenschen.

3. Der Begriff »Renaissance« bedeutet:
   a) Wiedersehen;
   b) Wiedergeburt;

c) Wiederaufbereitung;

d) Wiederverkauf.

4. Berühmt ist der Satz Oscar Wildes zu einem Zöllner, er habe nichts zu verzollen als …

a) sein Genie;

b) sein Knie;

c) sein Pyjamaoberteil;

d) seinen Koffer voller Schnaps und Zigaretten.

5. Phrenologie ist die heute veraltete Wissenschaft, Rückschlüsse auf die Persönlichkeit zu ziehen anhand von …

a) einem freundlichen Fragebogen;

b) Schädelformen;

c) Unterhaltungen beim Bier;

d) Einbalsamierung in Wachs.

6. Vollenden Sie Karl Marx' Ausspruch: »Die Geschichte wiederholt sich, erst als Tragödie, dann als …«

a) Farce;

b) Slapstick;

c) Dokumentarfilm;

d) Live-Album.

Die Antworten liefert ein Studium der Geschichte.

DIE ALTE SCHULE

- **Sokrates.** Er war einer der größten und bekanntesten Philosophen der Geschichte, schrieb aber nie irgendetwas nieder. Das nennt man Selbstvertrauen.

- **Plato.** Ein Vorbild für jedes aufstrebende Genie: Platos Umschwenken vom Ringkampf zur politischen Philosophie war ein majestätischer Sinneswandel.

- **Aristoteles.** So weit gereist und einflussreich er auch war, entging Aristoteles doch, dass Wale Säugetiere sind.

- **Pythagoras.** Stellen Sie sich vor, Sie seien für alle Zeit mit einem rechtwinkligen Dreieck verknüpft. Haben Sie Mitleid mit dem armen Pythagoras.

- **Aischylos.** Obwohl er praktisch das Drama in seiner heutigen Form erfunden hat, bewahrte dies Aischylos doch nicht vor einem fürchterlich skurrilen Tod. Ein Adler ließ eine Schildkröte auf sein kahles Haupt, das er für einen Stein hielt, fallen. Aischylos überlebte den Treffer nicht.

- **Aristophanes.** Dieser Grieche bewies, dass man ein Theaterstück mit dem Titel *Die Frösche* schreiben und trotzdem ein Genie sein kann.

- **Euripides.** Als Weiterentwicklung des Dramas gestaltete er seine Stücke witzig und traurig. Auf altmodische Art war er ein bisschen modern.

- **Sophokles.** Er war der führende griechische Theaterautor, gewann mehr erste Preise als jeder andere und schenkte der Welt mit dem Umweg über Freud die verstörende Vorstellung, Männer könnten ihre Mütter begehren.

- **Heraklit.** Von seinen Werken sind nur Fragmente überliefert, und er schrieb in Rätseln – die perfekte Grundlage für dauerhaften Ruhm.

- **Homer.** Vielleicht hat Homer als Einzelperson gar nicht existiert.

4. KAPITEL

Betätigungsfelder für Genies

—◆—

»Der Enthusiasmus des Genies verwandelt Philosophie in Poesie und Naturwissenschaft in Fantasie.«

BENJAMIN DISRAELI

BETÄTIGUNGSFELDER FÜR GENIES

Was sollen Sie also mit Ihrem gigantischen Intellekt anfangen? Aller Wahrscheinlichkeit nach werden manche Wissensgebiete eher der Hit sein als andere. Probieren Sie sie doch einfach mal durch.

Können Sie Ihre Existenz beweisen?

Die Philosophie erhebt den Anspruch, der originäre Schauplatz für die Entwicklung neuer Ideen zu sein. Sie haben noch den Lehrer in der ersten Stunde Ihres Philosophiekurses im Ohr: »Alles ist Philosophie; Philosophie ist alles.«

Philosophie ist seltsam. Sie ist die ultimative intellektuelle Betätigung, aber wer »kann« schon Philosophie? Die Medien machen viel Lärm um das Human Genome Project oder Roboter auf dem Mars, aber wann berichten sie schon mal über den gegenwärtigen Stand der Philosophie im eigenen Land? Philosophie erlebt vielleicht gerade einmal wieder eines ihrer gelegentlichen Tiefs, sie sollte deshalb aber nicht vernachlässigt werden.

Kalt und berechnend?

Was zählt, ist sich einen Namen zu machen – und vielleicht ist Ihnen Zählen wichtig. Der Satz des Pythagoras war möglicherweise nicht der Satz des Pythagoras. Aber das spielt heute keine Rolle mehr. Pythagoras ist der Mann. So geht das mit Mathe-Genies. Sie brauchen etwas, dem Sie Ihren Namen geben, damit Sie in Erinnerung bleiben. Wir wissen, dass Möbius ein Band hatte und Pascal ein Dreieck. Ihre Ideen sind für die meisten von uns viel zu kompliziert, deshalb brauchen wir etwas, das wir verstehen. Falls Sie ein mathematisches Superhirn sind, nehmen Sie sich einen Rhombus oder ein Dodekaeder. Ergreifen Sie davon Besitz. Oder versuchen Sie es mit der Informatik.

Verblüffen Sie!

Mathematische Paradoxe sind eine gute, solide Möglichkeit, Ihren Namen in Umlauf zu bringen. Sie brauchen den Leuten noch nicht einmal eine brauchbare Idee zu liefern, es reicht ein Problem, das irgendjemand irgendwann später auf dem langen, steinigen Weg der Entdeckungen lösen muss. Zenons Paradoxe über Bewegung und Entfernung haben ihm jahrhundertelang gedient und bereiten den Menschen bis heute Kopfzerbrechen. Selbst Größen wie Aristoteles und Leonardo hatten das Bedürfnis nach einem Paradox. Aristoteles hatte das Paradoxon des aristotelischen Rades, dem sogar noch etwas Mysteriöses anhaftet.

Was wurde aus dem alten Chemiebaukasten?

Die Chemie, während der Aufklärung ein Wachstumsgebiet, wirkt heute etwas ausgereizt. Sie bietet jedoch ehrgeizigen Genies, die sich zwischen Bunsenbrennern und Reagenzgläsern wohlfühlen, immer noch Möglichkeiten. Wollen Sie in einer der nächsten Generationen als Genie gelten, wäre Chemie eine sichere Bank, falls Sie eine vergoldete, doppelt verkupferte Lösung für die Erderwärmung haben. Eine Lösung, bei der wir trotzdem alle am Leben bleiben.

Mal ganz physisch gesehen

Eines der Forschungsgebiete, auf denen sich heute Genies tummeln, ist die Physik. Genie ist ein Begriff, den man, ohne zu zögern, auf Isaac Newton oder Albert Einstein anwendet – zwei Personen, die sich in den oberen Regionen der dehnbaren Hierarchie des G-Worts bewegen. Sie sind göttergleich, weil sie über den Zaun in Gottes Treibhaus guckten – in den Himmel. Sie legten sich das alles mit blendender Kopfarbeit zurecht und erklärten uns, entweder sei Gott nicht dort oben oder sein Plan noch viel irrer, als wir alle angenommen hatten. Große Sache.

Der Physik verdanken wir die moderne Welt, das Atomzeitalter, den Urknall, die Photonen, Elektronen, Quarks – all die Dinge, die wir nicht verstehen, die aber eine ganze Menge zu erklären scheinen. Die Physik ist offenbar auf der Suche nach einer »Universaltheorie«, die »alles erklären« wird. Sie brauchen nur zuzugreifen – Ihr Name in Verbindung mit der Erklärung für alles. Das würde sich toll in Ihrem Lebenslauf machen und Sie auf alle möglichen exklusiven Partys bringen.

Problemlösung

Sie könnten auch ein Paradox lösen. Machen Sie das aber nur, wenn Sie unbedingt müssen. Die Goldbach'sche Vermutung und die Euler-Mascheroni-Konstante sind noch zu haben. Es winken Geldpreise, allerdings laufen Sie dann mit einem fremden Namensschild herum; eine eigene Idee wäre besser.

Körperfunktionen

»Klonen könnte gut oder schlecht sein. Wahrscheinlich ist es von jedem etwas. Die Frage sollte nicht mit
reflexartiger Hysterie aufgenommen, sondern ruhig,
nüchtern und nach Sachlage entschieden werden. Wir
brauchen weniger Gefühl und mehr Überlegung.« –
Richard Dawkins

Falls Ihnen Physik nicht gefällt: Auch die Biologie ist eine heiße
Sache. Besonders Neurowissenschaften und Genetik. Werden Sie
der erste Mensch, der sich selbst klont. Das Problem für poten-
zielle Genies besteht hier darin, dass sich ethische Fragen (will-
kommen zu Hause, Sokrates!) stellen könnten. Andererseits
haben Biologie und Medizin schon immer auf blutige Art
Händchen gehalten – die Anatomen des 18. Jahrhunderts ver-
fielen auf Grabraub und sogar Mord, wenn ihnen die Leichen
ausgingen.

Denken Sie über den moralischen Irrgarten nach, falls und
wenn Sie dort sind. Sie treibt der Wunsch nach Entdeckung
voran. Machen Sie weiter. Seien wir bei dieser genetischen
Sache doch mal ehrlich. Worauf läuft das Ganze hinaus? Auf
das ewige Leben. Das ist das stille Gebet der Öffentlichkeit
(Öffentlichkeit hier verstanden als diejenigen mit Geld in der
entwickelten Welt). Wenn also Sie und Ihre Genetik-Kumpels
unten im Uni-Labor irgendetwas zusammenmischen: Was
könnte Ihrem Namen besser zu ewigem Ruhm verhelfen, als
dass Sie tatsächlich ewig leben?

Geschickt mit den Händen?
Machen Sie in Kunst

Vielleicht malen Sie gern oder spielen Klavier? Dann sollten Sie eine Künstlerlaufbahn ins Auge fassen. Als Künstler können Sie die Welt ganz anders sehen als andere. Die sagen dann: »Ach ja! So sehe ich die Welt auch. Das war mir nur bisher nicht klar.« Sie machen das Neue vertraut und das Vertraute neu.

Es muss Ihnen nicht unbedingt eine Erfindung zum Geniestatus verhelfen. Schon die gelungene Ausführung kann reichen. Erinnern wir uns noch an Filippo Brunelleschi und seine Arbeit über die Perspektive oder an die Maler, die nach ihm kamen – die da Vincis und Donatellos? Auch Shakespeare gab sich keine große Mühe, sich eigene Storys auszudenken. Thomas Kyd hatte bereits ein Stück mit dem Titel *Hamlet* geschrieben, als Shakespeare beschloss, etwas mit der Geschichte über diesen trübsinnigen Dänenprinzen anfangen zu können.

Genies machen ihre Hausaufgaben

Falls Pinsel, Paletten und Künstlerkittel Ihr Ding sind, so überlegen Sie, wodurch sich die Künstlergenies der Geschichte hervorgetan haben. Sehen Sie sich all die Renaissancegrößen an: Sie gingen meist in früher Jugend bei etablierten Künstlern in die Lehre und überflügelten diese dann. Wenn Sie Maler oder Physiker sind, müssen Sie eine Menge Zeug lernen. Selbst Picasso hatte eine Menge Malerei drauf, bevor er dann ganz modern wurde. Sein Vater war Kunstlehrer.

Spiel's noch einmal, Wolfgang

»Ich will alles, was gut, echt und schön ist.« –
Wolfgang Amadeus Mozart

Falls Sie gern auf den Tasten klimpern, sollten Sie sich auch nach Ihrem Vater richten. Bach, Mozart und Beethoven hatten sämtlich dominante Väter, die ihren Nachwuchs zu Großem trieben. Falls Sie gerade in dieser Situation sind, vergessen Sie nicht, dass Ihr Papa Sie nicht nur in den Wahnsinn treiben, sondern Ihnen auch helfen sollte, Aufträge und Jobs bei der königlichen Familie oder beim Papst zu bekommen – oder zumindest den Soundtrack für einen Blockbuster-Film. Sorgen Sie dafür, dass er seinen Teil beiträgt. Sie sind schließlich auch seine Investition.

Mach's wie Bach

Im Idealfall sollte Ihre Musik die bislang bekannten Grenzen des Möglichen in Form und/oder Stil sprengen. Außerdem sollte sie irgendwie auf geheimnisvolle Art emotionale Reaktionen in uns auslösen, die uns das Gefühl geben, dass es Universalaussagen gibt und dass man sie spüren kann und dass Sie andere Menschen verstehen können und andere Menschen Sie verstehen können und dass das alles irgendwie bedeutsam ist. Oder bedeutungslos, falls Sie auf Moll gebürstet sind. Klingt nach Schwerstarbeit, aber Komponisten und Musiker sind bekanntermaßen Wüstlinge und Faulpelze, deshalb ist es wohl doch keine.

Was sind Worte wert?

Schreiben ist nur aufgeschriebenes Gerede. Um darin ein Genie zu sein, muss man allerdings ein wenig nachdenken und vielleicht hie und da bei anderen Schriftstellern geschickt klauen. Sie haben hier allerdings gewisse Wahlmöglichkeiten. Sie könnte zum Beispiel eine neue Form einführen. Wer hätte gedacht, dass der Roman erst erfunden wurde, als Miguel de Cervantes seinen *Don Quichotte* schrieb? Er sah eine Marktlücke, füllte sie mit einem satirischen Seitenblick auf die Werte von Ritterlichkeit und mittelalterlichen Romanzen in Form einer episodischen Prosaerzählung, und heute trägt er seinen Genie-Orden mit angemessener Würde. Und das Lesepublikum sagt: »Ja, Romane sind genau das, was wir wollen.«

Schlag Shakespeare

Eine weitere Möglichkeit ist die, so viele Formen wie möglich zu meistern – tragisch, komisch, historisch, idyllisch, historisch-idyllisch, tragisch-historisch, tragisch-komisch-historisch-idyllisch – und jede Konkurrenz im Keim zu ersticken, indem man ein ganz und gar unglaubliches Gesamtwerk hinterlässt. Denken Sie an Shakespeares Stücke. Was Sie schreiben, muss belehren und bestätigen. Sie müssen den Leuten zeigen, was Menschlichkeit ist und was sie bedeuten kann, und sie damit an ihre eigene Menschlichkeit erinnern, an die Komödie der Liebe und die Tragödie der Sterblichkeit und all dieses Zeug. Worauf warten Sie noch? Greifen Sie zum Notizblock.

Haben Sie Verbündete? Werden Sie Anführer

Kann man einen Politiker, Monarchen, Soldaten oder den Anführer eines marxistischen Bauernaufstandes wirklich als Genie klassifizieren? Wenn ja, woran lässt sich sein Erfolg bemessen? An eroberten Ländern und hingemetzelten Feinden? Der höchsten Anzahl an lebenden Leichen am Wegesrand? Der längsten Zeit in Frieden und Wohlstand? Der größten Armee?

Es scheint akzeptabel zu sein, Alexander den Großen, Dschingis Khan oder Erwin Rommel als militärische Genies zu bezeichnen. Sie mögen außerordentliche intellektuelle Fähigkeiten besessen haben; vielleicht haben sie all ihre Mitbewerber um Meilen geschlagen und sind mit den Händen an den Schalthebeln der Macht gestorben. Aber Rommel war kein Newton und Dschingis Khan kein Johann Sebastian Bach.

Alexander versus Aristoteles

Nehmen wir das Beispiel von Aristoteles und Alexander dem Großen. Alexander entschied sich dafür, zu Lebzeiten Macht zu haben. Und eine Zeit lang konnte er sich zu Recht rühmen, der mächtigste Mann der Welt zu sein. Respekt! Doch Aristoteles war lediglich der Lehrer des jungen Königs, und seine Ideen werden bis heute gelehrt. Natürlich spricht man in der Schule von Alexander dem Großen – ein Name auf der Liste großer Männer. Aristoteles lebt, wenn wir über das nachdenken, was er gesagt hat.

ALEXANDER DER GROSSE (356–323 V. CHR.) – FELDHERR UND KÖNIG

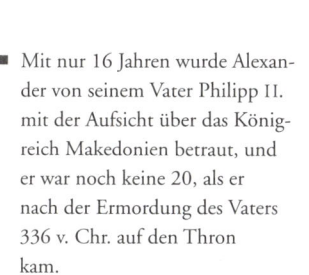

- Mit nur 16 Jahren wurde Alexander von seinem Vater Philipp II. mit der Aufsicht über das Königreich Makedonien betraut, und er war noch keine 20, als er nach der Ermordung des Vaters 336 v. Chr. auf den Thron kam.

- In seiner Jugend wurde Alexander von dem berühmten griechischen Philosophen Aristoteles unterrichtet.

- Er eroberte die Thraker, die Illyrer, das Persische Reich und einen Großteil der damals bekannten Welt. Seine Feldzüge führten ihn im Osten bis nach Indien, wo man ihn unter dem Namen »Sikander« kennt, was so viel wie »Fachmann« bedeutet.

- 323 v. Chr. erkrankte Alexander im Alter von nur 32 Jahren, aber erschöpft und ausgelaugt nach einem Jahrzehnt voller Kämpfe, nach einem Trinkgelage. Zwei Wochen später war er tot.

- Roxana, die Tochter des Oxyartes von Baktrien, heiratete er angeblich wegen ihrer Schönheit, die Ehe hatte aber zweifelsohne auch politische Vorteile. Dasselbe lässt sich von seiner Affäre mit Statira, der Frau von Darius III., sagen – die angeblich von Roxana ermordet wurde.

- Zwar begann mit ihm das Zeitalter des Hellenismus, Alexanders Reich zerbrach jedoch kurz nach seinem Tod, als sich seine Feldherren um die Beute zankten.

Fachwissen ist Macht

Sobald Sie sich für ein Fachgebiet entschieden haben, müssen Sie wissen, was sich dort getan hat, damit Sie wissen, was noch zu tun ist.

Mathematik und Naturwissenschaften

Dies sollte Sie auf nahezu unendlich viele Ideen bringen.

- Euklids *Elemente*. Wollen Sie eine Mathe-Größe werden?
  Lesen Sie dieses Buch.
- *Philosophiae Naturalis Principia Mathematica*. Das erste Handbuch fürs Universum.
- Charles Darwin's *Die Entstehung der Arten durch natürliche Zuchtwahl* ist ein dicker Wälzer für alle, die sich für die Evolution und Arten interessieren.

Kunst

Werfen Sie einen Blick auf:

- *Die Anbetung der Heiligen Drei Könige* von Leonardo da Vinci. Brillant unvollendet.
- *Die Geburt der Venus* von Sandro Botticelli. Sie werden die Blumen lieben.
- *Guernica* von Pablo Picasso. Es ist eine dornenreiche Welt.

Literatur

Hier stehen wir vor dem Problem der Sprache, folglich gehen wir umfassender vor.

- Shakespeare enthält alles, was Sie über die menschliche Natur wissen müssen.
- Als Genie unter Genies verdient Johann Wolfgang von Goethe nähere Beachtung. Seinen *Faust* sollten Sie gelesen haben.
- Natürlich darf man die Franzosen nicht vergessen. Alles von Émile Zola oder Gustave Flaubert wie auch Alexandre Dumas sollte man gelesen haben. *Formidable!*

Musik

In gewisser Weise ist Musik eine internationale Sprache, andererseits aber auch nicht. Auch hier ist Vielseitigkeit angesagt.

- Wenn Sie wissen wollen, welchen Lärm die Modernen im Konzertsaal veranstalten können, versuchen Sie's mit Schönberg.
- Von Dixieland bis Davis, wenn Sie Jazz mögen, müssen Sie wissen, wie man improvisiert. *Go, Cat!*
- Hören Sie die Beatles, Rolling Stones, Stevie Wonder. Hören Sie nichts, was nach 1979 entstanden ist.

Philosophie

Wie wär's damit:

- Aristoteles schuf etwas mit dem Titel Nikomachische Ethik. Klingt wie ein Spionageroman. Ist aber sehr viel mehr.
- Als René Descartes 1641 seine *Meditationen* schrieb, konnte er nicht ahnen, dass er mit seinem »Ich denke, also bin ich« noch jahrhundertelang kalauernden Deppen Stoff liefern würde.
- Immanuel Kants *Kritik der reinen Vernunft* ist hier eindeutig der Killer-Hit.

Genie und Broterwerb

Als Genie haben Sie anständige bis sehr gute Chancen, aus Ihrem Status auch Kapital zu schlagen. Manche Sackgassen sind jedoch hoffnungsloser als andere, und Sie sollten zumindest ein bisschen ans Geldscheffeln denken, selbst wenn Sie »zum Besten der Menschheit« wirken wollen.

Falls Ihre große Idee etwas ist, das viele Menschen haben wollen – etwa die Glühbirne oder die Kutsche ohne Pferd –, könnte Ihnen das ganz große Geld winken. Ist Ihre Idee dagegen etwas in der Art von »Ich denke, also bin ich«, sind die finanziellen Möglichkeiten begrenzt.

Philosophen müssen Bücher verkaufen und Vorlesungen halten, um Geld zu verdienen. Sie brauchen einen Slogan oder eine Theorie. Etwas wie »Die Existenz geht der Essenz voraus« oder »Jenseits von Gut und Böse«.

Musiker, Künstler und Schriftsteller können gut leben. Und heutzutage hilft die Technik enorm. Beethoven und Mozart gaben Konzerte oder bekamen Aufträge, um ihre Brötchen zu verdienen. Sie konnten nicht einfach so CDs, DVDs oder Downloads verkaufen wie Britney Spears. Versuchen Sie, Ihre Kinder zu mögen, denn die kassieren die Tantiemen, wenn Sie tot sind.

Ein letzter Tipp: Falls Sie als Physiker oder Chemiker Geld machen wollen, sind nukleare oder biologische Waffen im Moment ein gutes Geschäft. Sie brauchen nur die richtigen Verbindungen, um das Zeug verhökern zu können.

5. KAPITEL

Erhöhen Sie Ihr Potenzial

»Genie zeigt sich nicht im Ausdenken
von Ideen, sondern in der Fähigkeit,
diese Ideen umzusetzen.«

JANE MCELYEA

ERHÖHEN SIE IHR POTENZIAL

Vielleicht glauben Sie, man sei entweder ein Genie oder man sei es halt nicht. Hübsch und simpel, aber falscher könnten Sie gar nicht liegen. Sie können diverse Schritte unternehmen, um die Wahrscheinlichkeit zu erhöhen, sich zu einem erstklassigen Intellektuellen zu entwickeln. Aber tun Sie es auch wirklich.

Der richtige Beiname

Wie in vielen Bereichen der Geniewelt spielt selbst bei der Geschichte des Namens, der in alle Ewigkeit fortbestehen soll, der Zufall eine große Rolle. Ungeachtet Ihrer Leistung muss ein Name ziemlich robust sein, um auf Dauer Bestand zu haben.

Es ist wahrscheinlich kein Zufall, dass der Geist des Genies die Stirn jener Menschen streift, die außergewöhnliche Namen tragen. Das Genie liebt es denkwürdig. Smith oder Jones? Klingt das etwa genial? Mozart oder Michelangelo? Es muss schon etwas Seltenes sein.

TOP FIVE DER BEINAMEN

- **Der Pfähler.** Besticht durch Einfachheit, Direktheit und Bedrohlichkeit. Klingt aber auch ein ganz klein wenig einseitig.

- **Der Schreckliche.** Ehrlich gesagt, das geht gar nicht mehr. Wir sind heute zu sehr an den Schrecken gewöhnt.

- **Der Große.** Immer noch eine gute Sache. Dieser majestätische Beiname ist so allgemein, dass er der Fantasie Spielraum lässt.

- **Der Ältere.** Das klingt zurückhaltend und stilvoll, spielt auf Ihre Erfahrung und Weisheit an, hat aber vermutlich für das grelle 21. Jahrhundert zu viel Understatement.

- **Der Mungo.** Wirkt schräg und skurril. Andererseits könnte man damit auch wie eine Comicfigur wirken.

Jobs für Genies

Dem aufstrebenden intellektuellen Mega-Menschen bietet sich eine recht anständige Auswahl an Jobs: vom drittklassigen Lehrer an einer technischen Hochschule bis zum Freund der mächtigsten Herrscher. Ein Tipp: Wie die meisten von uns sind auch die hohen Tiere scharf aufs Showbusiness. Als bedeutendster Theaterautor der Renaissance kommen Sie also eher auf diese glamourösen Partys in den allerhöchsten Kreisen, als wenn Sie eine linguistische Theorie über die universale Grammatik entwickeln.

Das Jahr null

Etliche Genies begannen ihre berufliche Laufbahn in öden Jobs, bevor sie plötzlich in die erhabenen Gefilde der Royal Society oder ein geräumiges päpstliches Vorzimmer katapultiert wurden. Sollten Sie also im Moment ein unerkanntes Genie sein und sich Sorgen machen, wie lange Sie noch als Postsortierer oder Schalterbeamter arbeiten müssen, so bleiben Sie ruhig. Der Finger des Schicksals kann immer noch auf Sie weisen.

Andererseits ist es immer gut, frühzeitig anzufangen. Wenn Sie schon im zarten Alter einen Job beim König oder Kaiser oder dem gerade amtierenden Machthaber bekommen können, umso besser. Irgendjemand muss doch für all diese Opern und Tragödien bezahlen, jemand muss Ihre Miete und Ihre Lebensmittel übernehmen, während Sie ihre großen Gedanken denken. Freunde mit dicken Brieftaschen. Und Sie sind nicht wirklich ein Schmarotzer – die Menschheit ist auf Ihr Fortkommen angewiesen.

Ein warnendes Wort zum Teamwork

Die Kombination von Genie und Teamwork ist eine gefährliche Sache. Die Öffentlichkeit möchte eine Einzelperson glorifizieren. Wie sollen wir verstehen, dass sich sowohl Crick als auch Watson dieses Doppelhelix-DNA-Ding ausgedacht haben? »Also, welcher hat es sich denn nun ausgedacht?«, fragt sich die Öffentlichkeit kopfkratzend und versucht sich die beiden vorzustellen, wie sie sich über einen Labortisch beugen, Reagenzgläser im Hintergrund, sich über kompliziertes Zeug unterhalten und beide im gleichen Augenblick etwas kapieren. Mit dem Ruf eines Teamworkers ist man nie auf der sicheren Seite. Irgendjemand hat wahrscheinlich doch die Zeit gestoppt. Sein Wort steht gegen Ihres. Als einsames Genie ist man sehr viel sicherer.

Verkannte Genies

Das Dunkel der Geschichte gestattet es, ein gewisses Maß an Nachsicht und Kompromissen walten zu lassen. Ein Großteil der frühen Literatur ist eine kollektive Leistung, die über Generationen bearbeitet und geschliffen wurde, bevor jemand auf die Idee kam, das Ganze aufzuschreiben. Und manches davon hat als großes Werk Bestand. Homers *Ilias* mag nicht ausschließlich Homers *Ilias* sein, aber es ist Homers *Ilias*. *Gilgamesch? Beowulf?* Tolle Titel, kulturelle Meilensteine und alles, aber wem gebührt der Ruhm? Da hat jemand eine Gelegenheit verpasst. Das Publikum wird sich damit immer unwohl fühlen. Es will noch nicht einmal den einsamen Akt heroischer Größe. Es will einen Namen.

Auftritt des Amateurs

Eine riskante, aber befriedigende Strategie ist die, plötzlich aus dem Nichts aufzutauchen. Etwas davon haftet dem Genie immer an, weil es Neuland betritt, auf das sich zuvor noch nie jemand gewagt hat. Man muss sich nicht von einem Kaiser oder der Kirche oder sonst wem sponsern lassen. Auch als Genie können Sie ein Schläfer sein: Vorbereitungen treffen, Ihre Idee vervollkommnen und Ihren Augenblick abwarten.

Es ist wichtig, während dieser Zeit des intellektuellen Exils nicht das Ziel aus den Augen zu verlieren. Sorgen Sie dafür, dass Ihre Kollegen am Institut später alle davon reden, dass Sie »für Großes bestimmt« und »einfach anders als alle anderen« waren. Dieser plötzliche Sprung zur Größe kann sehr anstrengend sein, also vergewissern Sie sich, dass Sie und Ihre Nächsten vorbereitet sind. Aber machen Sie sich nicht zum Deppen.

Seien Sie optimistisch

Denken Sie an den Dichter William Blake. Er erfuhr zu Lebzeiten kaum Anerkennung. Er lernte nicht in der Lehre malen wie durchschnittliche Künstlergenies, sondern von einem Mann, der ihm im Traum erschien. Seine Dichtung galt als irrsinnig eigenwillig und unbedeutend. Das ist sie auch. Dennoch gebührt ihm der Ruhm. Er hielt sein ganzes Leben lang an der Überzeugung fest, die Welt werde ihn eines Tages verstehen. Und er behielt recht.

ALBERT EINSTEIN (1879–1955) – PHYSIKER

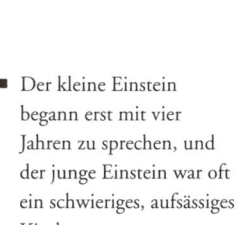

- Der kleine Einstein begann erst mit vier Jahren zu sprechen, und der junge Einstein war oft ein schwieriges, aufsässiges Kind.

- Einstein wurde zwar in Ulm geboren, erhielt aber 1901 die Schweizer Staatsbürgerschaft und wurde 1940 US-Amerikaner.

- Einstein veröffentlichte seine berühmte Relativitätstheorie (einschließlich der Masse-Energie-Gleichung $E = mc^2$) zwar 1905, hatte aber die Ideen bereits zehn Jahre zuvor in einem Aufsatz festgehalten, als er 16 Jahre alt war.

- Einsteins Idee, dass das Gravitationsfeld die Wellenlänge des von Atomen abgestrahlten Lichts beeinflusst, wurde 1919 durch die Beobachtung einer Sonnenfinsternis bewiesen.

- 1939 unterzeichnete Einstein einen von dem Physiker Leó Szilárd verfassten Brief an US-Präsident Franklin Roosevelt, in dem jener vorschlug, die USA sollten eine Atombombe entwickeln, bevor die Deutschen ihnen zuvorkämen. Nach dem Zweiten Weltkrieg trat Einstein jedoch für die atomare Abrüstung ein.

- 1952 bot man ihm an, Staatspräsident von Israel zu werden. Er lehnte ab.

So kleiden sich Genies

»Schönheit wie deine ist Genie.« – Dante Gabriel Rossetti

Es gibt keinen festgelegten Dresscode für Genies. Sie müssen selbst beurteilen, was in welchem Kontext angemessen ist. Das ist jedoch nicht so einfach, wie es klingt. Aber es ist immer noch relativ simpel.

Diese Krawatte zu *den* Shorts?

Eine Toga oder eine Schamkapsel mögen unter gewissen Umständen in Ordnung sein (wahrscheinlich fühlen Sie sich aber wohler, wenn Sie Ihren Nobelpreis in dem zerknitterten, speckigen alten Anzug entgegennehmen, den Sie für Ihren ersten Arbeitstag gekauft hatten). Für ein Genie ist es nicht immer ganz leicht zu wissen, was angemessen ist; der Trick ist, die Sache unkompliziert zu halten. Ein Laborkittel eignet sich gut, um im Labor zu arbeiten, ins Mikroskop zu schauen, zu stutzen, dann noch einmal zu schauen und dergleichen. Um Ihre Theorie vor skeptischen Gleichgesinnten in der Universitätsbibliothek darzulegen, tut es in der Regel ein abgewetztes Cordsakko über ungebügeltem Hemd mit karierter Krawatte und marineblauem V-Ausschnitt-Pullover. Denken Sie daran, auch Hose und Schuhe anzuziehen. Um mordende, brandstiftende und plündernde Horden durch die Steppen zu führen, eignen sich üppige Tierfell-Kombinationen mit ein paar Accessoires aus den Schädeln und Zähnen Ihrer besiegten Feinde. All diese Vorschläge sind simpel, aber passend.

So benehmen sich Genies

Ob Sie ein auf dem Dachboden hausendes künstlerisches Genie oder ein im Kellerverlies hausendes mathemathisches Genie sind – Sie müssen sich entsprechend verhalten. Die Leute erwarten das. Und außerdem können Sie so ganz Sie selbst sein.

Falls Sie der Typ künstlerisches Genie sind, besteht Ihre Rolle darin, das menschliche Leben zu erforschen. Dazu gehören ein ausschweifendes Sexualverhalten, Spielschulden, Syphilis, Probleme mit der geistigen Gesundheit und ein früher Tod. Das entspricht unserer romantischen Vorstellung von Kreativität.

Bitte nicht stören

Ihre genialen Gedanken beschäftigen sich womöglich mit Mathe oder Physik; in diesem Fall sollten Sie das Unlogische, Unordentliche zwischenmenschlicher Beziehungen meiden. Sentimentale Beziehungen lenken nur vom stratosphärischen Reich reiner Zahlenrelationen ab.

Wenn Sie unbedingt Kontakte und Freundschaften brauchen, so suchen Sie sich jemanden, mit dem Sie über Gleichungen reden können. Sie sollten jemanden finden den die Frage, was x ist, nicht völlig kalt lässt. Eine gute Summe ist wie der saubere Refrain einer Bach-Kantate – detailliert, schön und rigoros. Das ist Ihr Instrument – spielen Sie darauf!

ÜBEN SIE IHREN TEXT

Hier kommen ein paar Aussprüche, wie sie ein Genie tun könnte. Probieren Sie sie aus.

- »Sie übersehen eine kleine, aber wesentliche Tatsache, Professor.«
- »Parmenion wird die Truppen auf mein Kommando vorziehen.«
- »Cappuccino zum Mitnehmen, bitte, Raoul.«
- »Mein Ding ist ›Leg den Schürhaken weg, Alter.‹«
- »Thomas, wenn du angreifst, zieh direkt dein Schwert. Mo-ti-va-tion! Du willst doch den König umbringen, Schätzchen.«
- »Und bei dem Prozess entweicht ein Gas. Ein Dampf mit verblüffendem Geruch, der beim Inhalieren ganz außerordentlich eigenartige Gefühle erzeugt. Probier mal.«
- »Dieses Geschöpf könnte mich vernichten. Meine Arbeit!«

Oder ...

- »Heureka!«
- »Ich denke, also bin ich.«
- »Sie sind ein Affe.«
- »Fehler sind das Tor zu neuen Entdeckungen.« [James Joyce]
- »Sie sind widerlegt.«
- »Danke, Madam, der Schmerz lässt schon nach.«
- »Es reicht nicht, erfolgreich zu sein. Andere müssen scheitern.«

Sie werden bemerkt haben, dass einige dieser Statements mit Ausrufezeichen enden. Keine Frage – ein Vorteil der Genialität ist die Erregtheit. Fragen Sie doch Archimedes. Seine bahnbrechende Idee regte ihn so auf, dass er nackt durch die Straßen rannte.

6. KAPITEL

Genie am Scheideweg

»Genie … bedeutet die herausragende
Fähigkeit, sich Ärger einzuhandeln.«

THOMAS CARLYLE

GENIE AM SCHEIDEWEG

Ob Sie es glauben oder nicht, manchmal wollen die Leute nicht hören, was ein Genie zu sagen hat. Daran sollten Sie denken, wenn Ihre spezielle Genialität auch darin besteht, zum Wohle der Menschheit ein paar unbequeme Wahrheiten auszusprechen.

Maulkorb

Manchmal liegt es nicht daran, dass die Leute nichts hören wollen, sondern daran, dass sie nichts hören dürfen. Nehmen Sie zum Beispiel Galilei. Er wagte es, einen Vergleich zwischen dem ptolemäischen und dem kopernikanischen Weltbild zu veröffentlichen, und gelangte zu dem überzeugenden Schluss, dass Kopernikus recht hatte – alles dreht sich um die Sonne. Diese Ansicht kam bei der Kirche nicht gut an, und Galilei erwies sich mit seiner Einschätzung, damit durchzukommen, nicht wirklich als Genie. Er verbrachte den Rest seines Lebens unter Hausarrest.

Sie können es beweisen

Dass Galilei der Kirche so unbehaglich war, lag daran, dass er sich auf gedankliches Sperrgebiet wagte. Galilei, ein hoch angesehener und gebildeter Mann, überschritt eine Grenze und sagte: »Nein. Das ist keine Theorie; es ist die *Wahrheit*. Die Erde ist nicht der Mittelpunkt des Universums. Das ist mathematisch bewiesen.« Genau das gefiel der Kirche nicht. Das mit der »Wahrheit« und dem »mathematischen Beweis«.

Verdienstorden

Ab Mitte des 16. Jahrhunderts veröffentlichte die katholische Kirche eine Liste von Büchern, die Drucker nicht herstellen durften. Es ist für die Päpste Paul IV., Pius IV., Leo XIII. und so weiter vielleicht ein bisschen peinlich, dass gar nicht so wenige Bücher auf dem *Index Librorum Prohibitorum* heute als Meilensteine der Geistesgeschichte gelten.

Der Index

Ja, der *Index Librorum Prohibitorum*. Die Bücher, von denen der Vatikan meinte, man dürfe sie nicht lesen. Es ist ein veritables Who is who der Geistesgrößen, die Crème de la Crème. Verboten und stolz darauf.

1. **Nikolaus Kopernikus.** Warum sollte er verboten werden? Er widmete *De Revolutionibus Orbium Coelestium* dem Papst. Witterten sie dahinter Ironie?

2. **René Descartes.** Mit seinen *Meditationen über das Dasein Gottes* ist es schon vertrackt. In gewisser Weise möchte die Kirche, dass wir über Gott meditieren. Auf andere Arten über Gott nachzudenken ist jedoch nicht erwünscht.

3. **Erasmus von Rotterdam.** Armer alter Erasmus, doch wohl nicht verboten wegen des scheinbar harmlosen Titels *Lob der Torheit*.

4. **Galileo Galilei.** Die Erde dreht sich um die Sonne? Verbietet ihn!

5. **Immanuel Kant.** Verboten wegen der *Kritik der reinen Vernunft*. Jetzt reicht's aber mit dem Kritisieren der reinen Vernunft.

6. **Niccolò Machiavelli.** Schon der Name verursacht Gänsehaut.

7. **John Stuart Mill.** Was Mill macht? Er nimmt der Kirche Ideen über Freiheit und Moral weg. Er räubert in ihrem Revier, und das lässt sie sich nicht bieten.

Manche Leute mögen einfach keine Hirnakrobaten

Es ist heutzutage ein Problem in unseren Schulen, dass Lernen nicht als »cool« gilt. Das ist in gewisser Weise eine große Idee. Auf jeden Fall eine mit großer Wirkung. Aber es ist keine geniale Idee. Es ist eine blöde Idee. Sie hat die Entwicklung der Menschheit und die Entwicklung individueller Genies behindert.

Viele Gesellschaften haben ein sattes Maß an Anti-Intellektualismus bewiesen, indem sie Intellektuelle wegen ihres überlegenen Wissens fürchteten. Schließlich könnten sie nachweisen, dass unser Wissen beschränkt ist. Das mag niemand. Und wenn die Leute jemanden nicht mögen, dann unternehmen sie manchmal etwas gegen ihn.

Manche Leute hassen einfach Hirnakrobaten

Hypatia von Alexandria, charismatische Mathematik- und Philosophielehrerin, wurde wahrscheinlich von Christen ermordet, die sich von ihren neoplatonischen Ansichten bedroht fühlten. Auch Sokrates schaffte es, mit seinen dreisten Fragen viele Leute zu verärgern. Tod durch Schierlingsbecher für ihn.

Sich ermorden zu lassen ist besonders unter politischen Genies verbreitet. Besonders wenn man sich, wie der mutmaßlich vergiftete Iwan der Schreckliche, reichlich Feinde gemacht hat durch orgiastische Exzesse und Massenmord. Aber eigentlich ist er kein so gutes Beispiel. Er war kein Genie. Er war ein Irrer.

HYPATIA VON ALEXANDRIA (370–415 N. CHR.) – PHILOSOPHIN

- Hypatias Vater Theon, ein Astronom, Mathematiker und Lehrer, arbeitete im Tempel der Musen in der Bibliothek von Alexandria. Er unterrichtete seine Tochter.

- Die Viktorianer Charles Kingsley und Charles William Mitchell waren von Hypatia fasziniert. Kingsley schrieb einen Roman über ihr Leben, und Mitchell ließ sich von ihr zu seinem bekanntesten Gemälde inspirieren.

- Sie hielt in Alexandria und Athen Vorlesungen über die Philosophie Platos und zog Studenten aus der gesamten griechischen Welt an.

- Als Lehrerin musste sich Hypatia einmal eines in sie verliebten Studenten erwehren, indem sie ihn wiederholt mit Damenbinden bewarf.

- Über ihren Tod existieren verschiedene Theorien. Hypatia scheint jedoch von einem Mob ermordet worden zu sein, der eine so einflussreiche Heidin in einer zunehmend christlichen Kultur zum Schweigen bringen wollte.

- Der Historiker und Bischof Johannes von Nikiu wollte sich vielleicht bei Cyril, zur Zeit von Hypatias Tod Bischof von Alexandria, einschmeicheln, indem er sie als Hexe hinstellte, welche die Männer betörte und der Kirche entfremdete.

Das spät berufene Genie

Die Vorstellung, sein verborgenes Genie noch im hohen Alter zu entdecken, ist wohl eher ein Mythos. Es ist möglich, nach einem arbeitsreichen Leben als halbwegs erfolgreicher Beamter in Pension zu gehen und daran zu denken, den Roman zu schreiben, der schon immer in einem steckte, für den man aber nie Zeit hatte – wegen des Jobs, der Familie und der Hypothek. Vielleicht schreiben Sie diesen Roman und feilen die nächsten fünf Jahre daran, und wenn Sie ihn an einen Verleger schicken und zur weltweiten Buchmarkt-Sensation werden, sind Sie bereits über 70. Sie werden dann von der literarischen Elite als jener seltene Vogel gepriesen – das bislang unentdeckte Genie. Mit 68 an einem Herzinfarkt zu sterben, nur wenige Tage vor dem Interview für ein großes Porträt in der New York Times, erscheint daher ein wenig traurig. Es ist traurig. Vermeiden Sie das.

Der Außenseiter

- Gequält von einer Geisteskrankheit.
- Niedergedrückt von Armut, Erfolglosigkeit und Sturheit.
- Getrieben, sich ein Stück seines Ohrs abzuschneiden und einer Prostituierten zu schenken.
- Siebenunddreißig Jahre alt, als er sich in einem Feld in die Brust schoss.

Das kann nur Vincent van Gogh sein. Unmittelbar vor seinem endgültigen Durchbruch entschied er, dass er es nicht mehr aushielt. Manchmal ist das Leben eines Genies traurig und kurz.

Wie man Anerkennung findet und um jeden Preis die Hinrichtung vermeidet

Wenn Sie mittlerweile erkannt haben, dass Sie ein Born blendender, welterschütternder Ideen sind, müssen Sie diese unter die Leute bringen. Ihr wichtigstes Ziel an diesem Punkt ist Publicity. Sobald Ihr Genie erkannt wird, haben Sie ein ernst zu nehmendes Profil. Sie könnten sich Feinde machen. Hier kommen zehn Tipps, wie Sie Ihr zu diesem Zeitpunkt wichtigstes Ziel erreichen – am Leben zu bleiben:

- Schließen Sie Bekanntschaft mit einem Kaiser, Papst oder florentinischen Fürsten. Sie brauchen einen Sponsor.

- Verärgern Sie nie das Volk von Athen oder die christliche Kirche.

- Halten Sie ein paar Sophistereien parat, falls die Staatsgewalt Sie holen kommt.

- Wenn Sie unbedingt Kontroversen auslösen müssen, so sorgen Sie dafür, dass sie nicht aus der Fakultät hinausdringen.

- Beziehen Sie Ihren Vater ein.

- Vergewissern Sie sich, dass Sie nicht nur einfach wahnsinnig, sondern ein echtes Genie sind.

- Lassen Sie Ihre Exzentrizität nicht ins Bedrohliche entgleisen.

- Bleiben Sie dran.

7. KAPITEL

Die dunkle Seite der Genialität

»Es ist nicht nötig, an eine übernatürliche Quelle des Bösen zu glauben; der Mensch ist auch selbst zu jeder Scheußlichkeit fähig.«

JOSEPH CONRAD

DIE DUNKLE SEITE DER GENIALITÄT

DAS BÖSE SOLLTE MAN NICHT NOCH ERMUTIGEN. FALLS SIE EIN INTELLEKTUELLER ÜBERMENSCH SIND, SOLLTEN SIE ÜBERLEGEN, WIE SIE IHRE BRILLANZ ZUM NUTZEN DER MENSCHHEIT EINSETZEN KÖNNEN. FALLS SIE ABER GEMEIN SIND UND DAS WISSEN, LESEN SIE BITTE WEITER.

Eine Frage der Moral

Ehrgeiz braucht keine moralische Grundlage – fragen Sie Macbeth. Machiavelli wird Ihnen sagen, dass Moral geradezu hinderlich sein kann. Bei Führungspersönlichkeiten ist ein Mangel an moralischen Skrupeln sogar häufig ein echter Pluspunkt.

Fördern Sie Ihre rücksichtslose Seite

In Führungspositionen kommt das dunkle Genie erst richtig zur Geltung. Das liegt daran, dass es hier um die Manipulation von Menschen statt von Zahlen, Formen oder Chemikalien geht. Die Moral beeinflusst Menschen ganz anders als Zahlen, Formen und Chemikalien. Ein gleichseitiges Dreieck hat keinerlei moralische Auswirkungen (es sei denn, es handelt sich um eine Dreiecksbeziehung, aber selbst das ist nur eine Metapher). Ebenso schwer fällt es, ein Trapez als böse oder das Periodensystem der Elemente als moralisch verrottet und gemein einzustufen.

Wenn Sie auf Macht aus sind, werden Menschen gewillt sein, Sie wegen dieser Macht zu bekämpfen, und Sie müssen gewillt sein, sich dagegen zu wehren. Andererseits beschränkt sich das Hauen und Stechen nicht nur auf die Ebene politischer und militärischer Macht. Vielleicht haben Sie Feinde am Chemischen Institut. Es könnte Menschen geben, die es gern sähen, wenn Ihre berufliche Karriere scheiterte. Eine Spur Rücksichtslosigkeit im Charakter hat noch keinem, auch nicht dem gutherzigsten Genie, geschadet.

NICCOLÒ MACHIAVELLI (1469–1527) – POLITISCHER PHILOSOPH, MUSIKER, DICHTER, THEATERAUTOR

- Nur sehr wenigen Genies widerfährt es, dass ihr Name zu einem Adjektiv wird – »machiavellistisch« bedeutet gerissen, opportunistisch und hinterlistig. Für einen machiavellistischen Charakter heiligt der Zweck die Mittel.

- *Il Principe (Der Fürst)* ist Machiavellis berühmtestes Werk. Es ist eine Analyse der Manipulation politischer Macht und markiert den Übergang vom Idealismus Platos zum neuen Realismus der Renaissance.

- Machiavelli war über ein Jahrzehnt als florentinischer Diplomat tätig und konnte so die turbulente politische Stimmung seiner Zeit aus nächster Nähe studieren und ihre Protagonisten kennenlernen. Besonders inspirierte ihn Cesare Borgia.

- In seinem Text *Discorsi (Diskurse)* zeigt Machiavelli in einer Reihe von Lektionen, wie eine Republik gegründet, strukturiert und regiert werden sollte. Seine brillante politische Philosophie liegt vielen modernen Demokratien zugrunde.

- 1513 wurde er wegen angeblicher Beteiligung an einer politischen Verschwörung gefoltert, beharrte jedoch auf seiner Unschuld. Er wurde begnadigt, aber verbannt und schrieb weiter an seinen Abhandlungen.

- Als echter Renaissancemensch verfasste Machiavelli auch Theaterstücke. Seine anzügliche satirische Komödie *La Mandragola* war ein Hit.

Der Monstermythos

Genies werden vom Gespenst des »Frankenstein-Monsters« verfolgt. Frankensteins Monster steht für unvorhergesehene Auswirkungen, dafür, dass dem überheblichen Genie seine zunehmend unkontrollierbare Schöpfung entgleitet.

Beispielsweise führte die Entdeckung der Atomspaltung schon bald zu militärischen Konsequenzen. Marie Curie fiel in einer Tragödie aristotelischen Ausmaßes ihrer eigenen Errungenschaft zum Opfer. Sie war zwar die erste Frau, die einen Nobelpreis erhielt, starb aber vermutlich an Verstrahlung durch die von ihr entdeckten radioaktiven Substanzen. Die Ironie besteht darin, dass Curie dem Frankenstein-Effekt zum Opfer fiel, obwohl sie kein dunkles Genie war. Seien Sie also gewarnt: Das Wirken Ihres guten Genies könnte sich verwandeln. Sie könnten mit der Frage beginnen, ob Atome spaltbar sind, und am Ende einem General zeigen, was dabei passiert.

Frankenstein-Syndrom

- Vermeiden Sie es, für sofortigen Ruhm Ihre Seele zu verkaufen.
- Kaufen Sie kein mittelalterliches Schloss in den Karpaten.
- Brechen Sie den Versuch ab, sobald Sie spüren, dass sich Schuldgefühle mit Überheblichkeit vermengen.
- Fragen Sie sich, ob es wirklich der Menschheit nützt.
- Versuchen Sie, sich nicht ausschließlich auf »die Macht, dasLeben selbst zu schaffen« zu konzentrieren.

Können Tyrannen Genies sein?

»Aus dir spricht mein böser Genius.« –
Johann Wolfgang von Goethe

Es stellt sich die Frage, ob böse, gemeine Tyrannen geniale Charakterzüge besitzen können. Die Sache mit bösen, tyrannischen Genies, sollten Sie eine solche Laufbahn erwägen, ist die, dass es wirklich schwer ist, auf unsterbliche, geniale Art Zeichen zu setzen. Es gibt ganz offensichtlich unterschiedliche Grade von Tyrannei, und Sie stechen hervor, weil Sie der mörderischste oder grausamste Killer von allen sind. Aber ist das Genie? Jemand wie Robert Mugabe ist ein recht erfolgreicher Tyrann, aber ganz offensichtlich kein Genie. Die Frage, oder eine der Fragen, lautet, ob sich in den Taten eines bösartigen Despoten das Wirken eines herausragenden Intellekts zeigt.

War Stalin ein Genie? War Hitler ein Genie? Das Einzige, was wir hier beurteilen können, sind Machtausübung und strategisches Geschick. Bewiesen Hitler und Stalin einen herausragenden Intellekt, als sie ihre Feinde gegeneinander ausspielten und so ihre eigene Macht festigten? Nein. Sie waren nur clevere Rüpel in ganz großem Stil. Es war wohl kaum ein Geniestreich, unmittelbar vor dem Einmarsch der Deutschen Säuberungsaktionen unter den Offizieren der Sowjetarmee durchzuziehen. Und es war wohl auch kein Geniestreich, die Verlegung der Panzer nach Süden hinauszuzögern, weil man die Invasion der Normandie für eine Finte hielt. (Wir sollten allerdings nicht vergessen, dass dumme Ideen einen nicht notwendigerweise für den Status als Genie disqualifizieren. Ausgerechnet Newton war überzeugt, Alchemie sei eine gute Sache.) Die beiden großen Despoten des 20. Jahrhunderts waren rücksichtslos, böse und maßlos gerissen. Genies waren sie deshalb noch lange nicht.

Ist es nicht gut, gefürchtet zu werden?

In Wirklichkeit geht es Ihnen doch um Bewunderung und Ehrfurcht, wenn Sie den Status eines Genies anstreben. Häufig sind diese erfreuliche Begleiterscheinungen der Genialität, und gelegentlich entpuppen sie sich auch als starke Motivation, wenn Sie bis spät in die Nacht an Ihrem Geniekonzept arbeiten.

Furcht aber ist etwas ganz anderes. Furcht als Selbstzweck oder als Mittel zur Kontrolle von Menschen passt irgendwie nicht so ganz zum Genie. Furcht ist das Mittel, mit dem Tyrannen ihre Untertanen daran hindern, über neue Ideen nachzudenken oder zu reden. Genies aber mögen neue Ideen. Wenn ein Tyrann eine neue Idee mag, geht es wahrscheinlich darum, wie man Feinde tötet, deren Festungen schleift und Land verwüstet. Das ist zwar schön und gut, aber auch etwas langweilig. Von Pfeil und Bogen bis zur lasergesteuerten Bombe geht es doch immer nur darum, Leute umzubringen. Also widmen Sie Ihr Lebenswerk nicht irgendwelchen Methoden zur Auslöschung anderer. Das kann nicht so recht mithalten mit Erkenntnissen wie »Arten passen sich in einem Evolutionsprozess an ihre Umgebung an«, oder »Für ein rechtwinkliges Dreieck mit den Seiten a und b und einer Hypotenuse c gilt: $a^2 + b^2 = c^2$«. Nicht wahr?

Einer von uns

Die ideale Kombination, falls Despotie und Tyrannei Ihr Ding sind, ist die, von den eigenen Leuten bewundert und von den Feinden gefürchtet zu werden. Während Ihre Feinde Sie als aggressiv und brutal ansehen, müssen Sie Ihren Leuten als stark und selbstsicher gelten. Im Folgenden Bedenkenswertes für böse Genies und solche, die es werden wollen.

Bleiben Sie bei Verstand

Auch wenn Sie böse bis zum Irrsinn sind, brauchen Sie dennoch Verstand. Denken Sie an Stalins Gleichung: Der Tod löst alle Probleme, deshalb: kein Mensch = kein Problem. Sehr simpel, sehr »große Lösung«, sehr Ursache und Wirkung. Und natürlich total böse.

Werden Sie Kultfigur

Sobald Sie an der Macht sind, sollten Sie sich verklären lassen. Dies widerfährt Genies oft nach ihrem Tod, aber Sie brauchen es früher. Das schaffen Sie, indem Sie ein Propaganda-ministerium einrichten, Anekdoten aus Ihrer Kindheit erfinden und dafür sorgen, dass alle Statuen nur Sie darstellen.

Ihre Einstellung zur Gewalt

Sie müssen entweder ambivalente Gefühle zur Gewalt ent-wickeln oder sie tatsächlich mögen. Als Napoleon sagte, das

Gemetzel von Borodino sei »das schönste Schlachtfeld, das ich je gesehen habe«, meinte er das auch so.

Sie sind der Teamchef

Als rücksichtsloser Führer benötigen Sie die Hilfe anderer – Lakaien, Speichellecker, Ja-Sager. Bisweilen müssen Sie Macht delegieren. Ihr Genie besteht darin, diejenigen anzuleiten, die in Ihrem Namen Macht ausüben und jene Strukturen der politischen Maschinerie erschaffen, die Ihnen die Kontrolle ermöglichen. Dann mal los, Käpt'n!

Sie sind Geschichte

»Der Mann von Genie … ist ein Initiator, ein inspirierter
oder dämonischer Mensch, der nach bislang unerforschten
Regeln ein vollkommenes Werk schafft.« –
Henry David Thoreau

Das böse Genie bleibt wahrscheinlich nicht wegen seiner
weltverändernden Ideen in Erinnerung. Es ist kein Zufall, dass
Platos Philosophenkönige eher ideale denn reale Herrscher
sind. Das böse Genie bleibt stärker als Macher der Geschichte
in Erinnerung, weniger als naturwissenschaftlicher oder philo-
sophischer Denker.

Vielleicht bleiben Sie durch einen klangvollen Beinamen in
Erinnerung. Wer würde nicht gern als, sagen wir, Jeremy »der
Pfähler« oder Peaches »der Gnadenlose« im Gedächtnis bleiben?
Dabei weisen solche adjektivischen Accessoires eigentlich nur
darauf hin, dass Sie schrecklich oder groß waren, aber nicht
darauf, dass Sie etwas Neues gedacht haben. König Richard
bleibt als Löwenherz in Erinnerung, nicht als Guthirn. Selbst
das mysteriöse »Dschingis Khan« heißt nichts weiter als Häupt-
ling Dschingis.

8. KAPITEL

Das Genie und die Liebe

———◆———

»Hüte dich, von Büchern verschlungen
zu werden! Eine Unze Liebe ist genauso viel
wert wie ein Pfund Wissen.«

JOHN WESLEY

DAS GENIE UND DIE LIEBE

Natürlich liegt jedem die Frage auf der Zunge, wie sich der Geniestatus auf sein Liebesleben auswirkt. Bekommt man als Grosshirn das Mädel oder den Kerl? Natürlich sorgen Eros, *l'amour* – oder wie immer Sie es nennen wollen – auch dafür, dass es Zeiten gibt, in denen das Herz den Kopf regiert. Vielleicht finden Sie das nicht gut für jemanden, der ganz Hirn ist. Vielleicht haben Sie recht.

Das IQ-Aphrodisiakum

Dinner mit einem Typ Marke »verrückter Professor«? Was fällt einem dazu ein? Jede Menge Tölpelhaftigkeit, eine komische Stimme, die endlos von Quasaren und dunkler Materie plappert?

Denken Sie an den Jerry-Lewis-Film *Der verrückte Professor*. Durch einen alchemistischen »Trank« verwandelt sich der zerstreute Professor Julius Kelp in den sinnlichen Buddy Love. Der Weiberheld und der Intellektuelle sind Gegensätze. Die Botschaft des Films lautet jedoch, dass das nicht unbedingt so sein muss. Intellektuelle sind an sich schon attraktiv. Wissen ist Macht. Macht ist attraktiv.

Die wenigen Erfolgreichen

Es könnte Probleme geben, Ihre intellektuellen Aktivitäten mit Ihrem Liebesleben in Einklang zu bringen. Im Grunde hängt das von Ihrem Fachgebiet ab.

Shakespeare trieb sich mit Aristokraten und Theaterleuten herum. (Man darf nicht vergessen, dass es um 1600 keine Schauspielerinnen gab. Dickens ging gerne aus und traf seine treuen Leser bei öffentlichen Lesungen. Seine Geliebte war eine Schauspielerin. Picasso jedoch setzte Maßstäbe – eine Ballerina, eine Künstlerin, eine Fotografin – und alle möglichen komplizierten Geschichten mit dem Nachwuchs. Sich auf die darstellenden oder bildenden Künste zu konzentrieren scheint also angesagt, falls Ihre intellektuelle Neugier eine verschmuste Seite hat.

Liebe im Labor

Das Labor ist ein Arbeitsplatz und als solcher wie jeder andere für die Partnersuche geeignet. Die zukünftige Bettgenossin, die Sie im Labor treffen, ist wahrscheinlich keine Gräfin oder liebestolle Bohemienne. Eher eine Assistentin oder Putzfrau.

Als literarisches Genie könnten Sie eine Reihe Liebessonette verfassen, die sich als Goldstaub bei einer eventuellen brieflichen Fernverführung erweisen. Als künstlerisches Genie könnten Sie ein Porträt des Objekts Ihrer Begierde malen, das keinen Zweifel an der Tiefe Ihrer Liebe lässt. Besteht das Produkt Ihres Intellekts hingegen darin, Ihren eigenen Urin zu sammeln und dann zu erhitzen, damit die Dämpfe kondensieren, alles im Dienste der wissenschaftlichen Forschung, so ist das als Lockstoff für Fortpflanzungspartner nicht ganz so ideal.

Das Problem, sich den Namen Ihres Partners zu merken

Wenn Sie Picasso wären, könnte man Ihnen verzeihen, dass Sie den Namen Ihrer Frau vergessen. Lieber Himmel, er hat so oft geheiratet! Für die meisten Genies besteht das Problem jedoch darin, dass ihr Hirn so vollgestopft ist. Nur allzu leicht verschwindet da der Name des Partners unter einem Berg schwieriger Sachen. Daher empfiehlt es sich für angehende Genies, immer eine Karteikarte mit den wichtigen Namen und Adressen bei sich zu haben – einschließlich der eigenen.

WILLIAM SHAKESPEARE (1564–1616) – BÜHNENAUTOR, DICHTER, SCHAUSPIELER

- William war der Sohn eines Handschuhmachers und hatte zwei Brüder und vier Schwestern.

- Mit 19 heiratete er die 26-jährige, schwangere Anne Hathaway.

- Der Legende nach floh er nach London, weil er beim Wildern erwischt wurde. Aber Shakespeare war kein schlechter Geschäftsmann, und deshalb ist es wahrscheinlicher, dass er nach London ging, um Geld zu verdienen.

- Shakespeare schrieb nicht nur etwa 38 Theaterstücke und über 150 Sonette und andere Gedichte, sondern trat auch als Schauspieler auf und spielte vor Königin Elisabeth I.

- Immer noch gibt es Spekulationen, ob William Shakespeare aus Stratford tatsächlich all die ihm zugeschriebenen Werke verfasst hat. Zu den Kandidaten, die alternativ als Autoren seiner Werke gehandelt werden, gehören der Theaterautor Christopher Marlowe, Edward de Vere, Earl of Oxford, sowie der Philosoph und Staatsmann Sir Francis Bacon.

- Gerade als Shakespeare seinen Durchbruch als Bühnenautor erlebte, wurden Londons Theater 1593 wegen der Pest geschlossen. Shakespeare blieb in der Hauptstadt, verlegte sich aber eine Weile auf die Poesie.

Das Frau-Einstein-Syndrom

Genau wie im häuslichen Leben ist Ihr Partner vielleicht auch im Berufsleben Ihr Konkurrent. Das könnte ein Problem werden. Wieso? Na, wollen Sie etwa Ihren Nobelpreis teilen?

Denken Sie an den Fall des Mannes, der zum Inbegriff des Genies im 20. Jahrhundert wurde. Eine Reihe von die Physik revolutionierenden Publikationen festigte Einsteins Ruf als Big Boss in allen Fragen zum Verständnis des Universums. Hat ihm jemand geholfen, den die Nachwelt nicht vergöttert? Könnte dieser Jemand seine erste Frau, Mileva Mari, gewesen sein? Möglicherweise, wahrscheinlich aber nicht. Sie war ein intelligenter, wissenschaftlicher Typ und hat Albert vielleicht assistiert, die Belege für eine echte Zusammenarbeit sind jedoch spärlich.

Die Argumente für eine Einstein-Verschwörung sind dünn. Man weiß, dass er seine Ideen mit zwei anderen Physik-Fans, Conrad Habicht und Maurice Solovine (eigentlich ganz gute Genie-Namen), diskutierte. Die drei Männer bildeten eine kleine Diskussionsgruppe, die sie die Akademie Olympia nannten. Aber anscheinend sprachen sie über – Philosophie.

Was sich die Pantoffelhelden des kulturellen Gedächtnisses wünschen, das ist die Geschichte von der Marionette und der Puppenspielerin. Eine Verschwörungsversion. Leider ist dies aber nicht der Fall. Die Moral von der Geschicht' läuft eher hinaus auf: »Heirate ein Dummchen.«

Pech in der Liebe

Falls diese Genie-Nummer für Sie nicht funktioniert, tröstet es Sie vielleicht, dass tatsächlich viele Genies notorisches Pech in der Liebe hatten. Der Philosophiecrack des 19. Jahrhunderts, Friedrich Nietzsche, war wohl ein brillanter Denker, aber wenn es um die Damen ging, stand er ganz klar auf der Straße der Verlierer.

Vielleicht wurde Nietzsche so oft abgewiesen, weil er ein so trübsinniger Typ war. Außerdem hat ihn wahrscheinlich die Syphilis dahingerafft, die er sich möglicherweise bei einer Prostituierten holte, mit der er seiner Behauptung nach gezwungen war zu schlafen, als ihn seine Kommilitonen kidnappten und in ein Hurenhaus verschleppten. Diese verrückten Intellektuellen!

Das Genie der Liebe

Möglicherweise glauben Sie ja sogar, die Liebe sei Ihr Spezialgebiet. Das dachte jedenfalls Giovanni Giacomo Casanova. Zu seiner Zeit arbeitete er für die Kirche und das Militär und war Diplomat, Spion, Schriftsteller, Geschäftsmann und Amateurphilosoph. Seine wahre Leidenschaft war jedoch die Leidenschaft, und er gilt als Genie der Liebe. Das liegt daran, dass für ihn Verführung und Sex keine freiwillige Zusatzleistung des Handwerks, sondern das Handwerk an sich darstellten.

Verführungstipps

Sollten Sie ein anderes Genie verführen wollen, so denken Sie über folgende Annäherungsversuche nach:

- Wenn Sie ein anderes Superhirn kennenlernen, sagen Sie etwas in der Art wie: »Ihre Idee macht mich … heiß.« Oder: »IQ-Werte sind so erotisch.«

- Tragen Sie tief ausgeschnittene Laborkittel.

- Treiben Sie sich in Galerien herum, und fallen Sie ab und zu in Ohnmacht.

- Treiben Sie sich im Patentamt herum, und fallen Sie ab und zu in Ohnmacht.

- Treiben Sie sich im CERN Teilchenphysik-Forschungszentrum herum, und fallen Sie für eine unbegreiflich kurze Zeit in Ohnmacht.

Liebe und der enge Stundenplan

Wenn Sie nach Casanovas Liebesleben streben, denken Sie daran, dass ein enger Liebesstundenplan manchmal mit dem engen Stundenplan eines Genies kollidiert.

Im Fall des Marquis de Sade, Philosoph und Pornograf (eine seltene, aber eindrucksvolle Kombination), war die große Idee die, dass die Natur keine Moral kenne und Moral deshalb unnatürlich sei. (Wenn er so scharf aufs »Natürlichsein« war, fragt man sich, warum er in einem Haus lebte oder Kleidung trug.) So strebte er nach einem Leben amoralischen sexuellen Genusses, das ihm einen beneidenswert schlechten Ruf eintrug. Während aber Nietzsche – ein kläglicher Versager im Spiel der Liebe – wegen seiner Kopfarbeit in Erinnerung bleibt, erinnert man sich de Sades – der täglich haufenweise Mädels flachlegte – nicht wegen der lebensverändernden Ideen, die er uns hinterließ, sondern weil er sich wirklich ins Zeug legte. Sein berühmtestes Buch hat zwei Titel: *Die 120 Tage von Sodom* und *Die Schule der Freiheit*. Was glauben Sie wohl, an welchen man sich erinnert?

Die Sache ist die: Wenn Sie gleichzeitig Denker und sexueller Freibeuter sind, wird die Öffentlichkeit, skandalsüchtig wie sie nun einmal ist, Ihre Ideen womöglich übersehen. Das ist nicht das, was Sie wollen. Falls Sie eine amoralische Sexmaschine sind, sollten Sie nichts davon an die Öffentlichkeit dringen lassen.

Wie man sowohl Liebhaber als auch Denker sein kann

Wenn Sie das nächste Mal bei einer intimen Soiree sind, sollten Sie vielleicht einmal einen der folgenden Sprüche ausprobieren. Nicht jeder wird passen. Lassen Sie sich vom Kontext leiten.

- »Ja, meine Liebe, aber ich dachte an eine andere Art Chemie.«

- »Ich kann Sie so malen, wie Sie sich selbst gerne sehen würden.«

- »Mein Kopf mag in den windzerzausten Wolken weilen, aber andere Teile von mir sind der Erde näher.«

- »Komm in meine Dachkammer, und ich zeige dir die Sterne.«

- »Kommen Sie mich im Labor besuchen, ich brauche jemanden, der mir den Bunsenbrenner hält.«

- »Du bist die Arie in meiner Oper, die Sonate in meiner Sinfonie. Ich werde dich ›Nr. 45‹ nennen.«

- »Ich arbeite an einer alternativen politischen Philosophie zur Gründung einer Republik in dieser Zeit gesellschaftlichen Wandels und globalen Umbruchs. Aber manchmal mache ich auch eine Pause. Haben Sie Zeit für einen Cappuccino?«

- »Ich spreche 18 Sprachen. In keiner davon kann ich ›Nein‹ sagen.«

9. KAPITEL

Über den Nachruhm

———◆———

»Hier liegt jemand, dessen Name auf
Wasser geschrieben war.«

JOHN KEATS' EPITAPH

ÜBER DEN NACHRUHM

Es nützt wenig, ein Genie zu sein, wenn Sie keine Seite im großen Buch des menschlichen Fortschritts ergattern. Schreiben Sie Ihren Namen nicht wie Keats aufs Wasser, erwerben Sie sich Ruhm.

Plötzliche Erleuchtung

Es ist weit nach Mitternacht. Die Nacht ist kalt, der Wind
peitscht über das Mansardendach und rüttelt am wackligen
Dachfenster. Auf dem kleinen Schreibtisch flackert die Kerze,
deren gelbes Licht auf dem grünen Glas einer leeren Wein-
flasche tanzt. Sie beugen sich über das Pergament, hustend und
keuchend und schniefend, und versuchen, ein Sonett über die
physische Manifestation der Leidenschaft der ersten Liebe zu
vollenden. Im Hinterkopf kämpfen Alltagssorgen mit Ihrer
poetischen Vorstellungskraft. Sie haben kein Geld für Essen
oder Miete und wissen nicht, wo es herkommen soll. Sie haben
heute wieder Blut gehustet. Eine weitere der vielen Stimmen in
Ihrem Kopf wiederholt indigniert, was sie immer sagt: »So ist es
nicht richtig. Du bist ein Genie.«

Und dann ...

In der darauffolgenden Woche schickt der Earl of Daventry eine
Kutsche, um Sie vom Hotel abzuholen. Sie haben den Nach-
mittag in Ihrer Suite verbracht, wo Sie von einer äußerst gut
gebauten jungen Frau, die der Hotelier schickte, eingeseift, rasiert
und abgerubbelt wurden, und der Arzt des Earls hat Ihnen einen
kurzen Besuch abgestattet, bei dem er Ihnen riet, sich keine
Sorgen zu machen – denn die Prognose sei gut –, und einen
Termin für einen Aderlass in der nächsten Woche vereinbart. Die
Kutsche des Earls bringt Sie zum Salon im Stadtpalais der
Countess Daphne of Huntingdon, wo Sie eine private Lesung

---

aus Ihrer neuen, umfangreichen Sammlung pseudo-klassischer Lyrik halten werden.

Im Salon stellt man Sie, nachdem Ihre Arbeiten mit warmer Anerkennung und Beifall aufgenommen worden sind, einer Reihe schöner Schauspielerinnen, Poeten aus Paris, Porträtmalern aus Prag und Theaterautoren aus Thessaloniki vor. Jeder verkündet, Sie besäßen eine ganz seltene Form von Genie. Sie haben jede Menge faszinierende Gespräche, trinken den köstlichen Sherry der Gräfin und rauchen edlen Tabak, der gerade per Schiff aus Virginia kam. Es ist ein durch und durch genussreicher Abend.

Das dicke Ende

Aber nun nimmt der Rauch überhand, und das Atmen fällt Ihnen schwer. Warum lachen und trinken und lächeln alle, während Sie kaum atmen können? Der Grund ist, dass Sie nicht im Salon des Stadtpalais sind. Sie sind immer noch in Ihrer Mansarde und bewusstlos geworden. Sie bekommen keine Luft, weil die Kerze den Stapel Gedichte auf dem Tisch in Brand gesetzt hat, und nun brennen der Tisch selbst und die schmutzigen, zerlumpten Gardinen und erfüllen Ihr Domizil mit dichtem Rauch. Sie schaffen es, halb aufzuwachen. Der Rauch und die Flammen sind jetzt so dicht und heftig, dass Sie Orientierungsschwierigkeiten haben. Ihnen kommt der Gedanke, dass Sie sterben könnten. Ja, zum Ruhm katapultiert zu werden, ist nur ein Traum.

Erwachen Sie aus Ihrem Traum

»Auszeichnung hier erwarte nie; denn das System
verbeut's. Man hängt das Kreuz nicht ans Genie, nein,
das Genie ans Kreuz.« – Franz Grillparzer

Es ist ein Traum, der die westliche Kultur des 21. Jahrhunderts gefangen hält. Und man fällt allzu leicht auf ihn herein. Man muss nur im Fernsehen sein, damit die Leute einen für eine Art Genie halten. Aber dass Sie im Fernsehen sind, heißt vermutlich, dass Sie kein Genie sind. Zwar bedeutet Genie häufig Ruhm, Ruhm bedeutet aber selten Genie. Kulturelle Leistungen brauchen, selbst wenn man Mozart ist, meist eine Weile und etwas Übung, um in Schwung zu kommen. Wenn Sie nicht dranbleiben und Ihrem Ruhm nachhelfen, riskieren Sie posthume Anerkennung ohne einen Funken zeitgenössischer Bewunderung – »den Franz Kafka zu machen«, wie man so sagt.

Dieses Problem ist in den Naturwissenschaften jedoch weniger verbreitet. Falls Sie zufällig die Pasteurisierung erfinden oder das komplette Periodensystem der Elemente veröffentlichen, können Sie den Job in einem Rutsch erledigen und sich dann zurücklehnen und Ihren Bleistift spitzen. Wie in vielen anderen Dingen liegt die Wahl bei Ihnen.

Verzögerter Ruhm und die Wogen der Geschichte

»Wenn man ein Genie und erfolglos ist, behandelt
einen jedermann wie ein Genie, aber wenn man dann
erfolgreich ist … wird man nicht mehr als Genie
behandelt, [sondern] als Erfolgreicher.« – Pablo Picasso

Hat sich der Ruhm einmal verabschiedet, sieht man ihn nie
wieder. So heißt es. Aber das stimmt nicht. Der Ruhm kann eine
Weile vor sich hin glimmen, bis er zündet; er kann eine auf-
steigende und abfallende Welle sein; er lässt sich durch eine
Vielzahl von Metaphern beschreiben. Man kann von der Land-
karte menschlichen Wissens, Verstehens und Schaffens beinahe
verschwinden und sich doch noch zu Glanz und Größe auf-
schwingen. Vielleicht verblasst Ihre bahnbrechende Idee und
wird durch bessere, klarere Konzepte verdrängt, oder aber sie
wird im Lauf der Jahrzehnte und Jahrhunderte immer wichtiger.

Die Prüfung durch die Zeit

Denken Sie an Charles Darwin und Karl Marx. Beides große
Namen, die sich ihre Adjektive verdient haben. Ihre Ideen
beeinflussen unser Denken über uns selbst, unsere Gesellschaften, unsere Beziehungen, unser gesamtes Menschsein. Viel
mehr kann man von einem Genie nicht verlangen. Aber wie hat
sich ihr Ruf seit jener berauschenden Anfangszeit verändert?

Darwin verwendet in *Die Entstehung der Arten* mit elegantem Understatement nur einmal das Wort »entsteht«. Es ist das letzte Wort im Buch. Die Idee die Menschen bis heute immer noch zu hitzigen Streitgesprächen und bizarren Gesetzen provoziert. Die großen Weltreligionen wissen, dass es ihnen nichts Gutes verheißt. Darwin wusste es. Wir alle wissen es.

Marx' Ideen veränderten das Leben von sehr viel mehr Millionen Menschen auf sehr viel praktischere Weise als die Darwins. Und seine Ideen sind immer noch im Umlauf. Man muss in der Dritten Welt gar nicht lange suchen, um eine marxistische Guerillabewegung oder -erhebung zu finden. Als kritisches Gerüst ist der Marxismus für Historiker, Sozialwissenschaftler und dergleichen immer noch ein brauchbares Werkzeug. Als ideologische Position im aktiv politischen Sinne fühlt er sich überholt an.

So werden die großen Ideen zweier genialer Asse auf sehr unterschiedliche Weise interpretiert. Hüten Sie sich vor den revisionistischen Tendenzen derjenigen, die nach Ihnen kommen. Versuchen Sie cleverer zu sein als jene, damit Sie sicher sind, am Ende die Oberhand zu behalten.

Morgen, morgen …

Wer weiß, was werden wird? Wer weiß, wer wir in ein paar Jahrhunderten sein werden? Vielleicht werden Ideen, die in genau diesem Augenblick, genau dieser Sekunde erdacht werden – Ihre Ideen –, das Leben von Millionen zukünftiger Erdenbürger beeinflussen. Eines wissen wir sicher: Geniale Ideen gibt es immer wieder. Jedenfalls bis jetzt.

Wird die Zukunft Sie vollständig und endgültig abhängen?

Daran ist nichts zu rütteln: Ob man sich an ein Genie erinnert oder nicht und wie man sich an es erinnert, hängt von der jeweiligen Mode ab. Das zeigt sich am nachdrücklichsten in den Künsten, kommt aber ebenso in den Naturwissenschaften vor.

Wir sind im Moment von dem »genetischen Dingsbums« und »Genom-Sonstwas« umstellt, daher sind die DNA-Doppelhelix-Typen, Crick und Watson, immer noch hochberühmt. Und Darwin sitzt zufrieden im Hintergrund, einen ihn anhimmelnden Schimpansen auf dem Schoß.

Auch Physik mögen wir, ihre verwirrende Komplexität und ihr Versprechen, die großen Fragen des Universums zu lösen. Stephen Hawking ist populär, nicht so sehr für das, was er sagt, sondern weil er so gut in unsere populären Mythologien passt, halb Maschine, halb Superhirn, die Roboterstimme des Atomzeitalters. Hinter ihm sitzt Einstein auf Newtons Schultern.

Werden Sie bloß kein Faraday

Andere Aspekte der Naturwissenschaften dagegen langweilen uns ein wenig. Fragen Sie nur Michael Faraday. Falls Sie ein Elektrizitätsfan sind, ist Faraday Ihr Mann. Oder vielleicht Nikola Tesla, dem seine Ideen in blendenden Blitzen kamen. Doch wahrscheinlich sind Sie kein Elektrizitätsfan. Die Elektrizität hat unser Leben verändert, aber verändert sie auch unsere

Ansichten über das Leben? Der Eierkopf des 21. Jahrhunderts will nicht im Schlafzimmer an Stromkreisen basteln. Dieser Eierkopf wird viel eher irgendeinen Computercode schreiben und Bill Gates für ein Genie halten, weil der der reichste Mann des Universums ist und auf seinem eigenen Mond lebt.

Faradays Botschaft an die jungen Genies von heute lautet, dass die Zukunft vielleicht all ihre Ideen nimmt und sie dann vergisst oder beschließt, dass Ihre Erleuchtungen einfach nicht mehr gebraucht werden.

Unvergessen, aber aus den falschen Gründen

Vielleicht erwarten Sie, dass Ihre Opern, nicht Ihre Sinfonien, in Erinnerung bleiben oder dass Literaturliebhaber Sie auf ewig wegen Ihrer Versepen, nicht aber wegen Ihrer Sonette preisen. Vielleicht sind Sie gar nicht so überrascht, wenn das Gegenteil eintritt. Nun ja, die Geschmäcker ändern sich.

Doch stellen Sie sich vor, Sie wären ein Philosoph, dessen einziger Wunsch es ist, geliebt und publiziert zu werden, damit Ihre Ideen an die Öffentlichkeit gelangen, damit andere große Geister sie bei dem ein oder anderen Espresso diskutieren können. Stellen Sie es sich vor wie Ihnen zumute ist, wenn Sie von Ihrer Wolke herabschauen, nachdem Sie gerade mal ein halbes Jahrhundert zuvor den Löffel abgegeben haben, und sehen, wie einer der irrsten Diktatoren der neueren Geschichte Sie und Ihren Namen als angebliche Inspiration für noch mehr irres Zeug benutzt. Und Sie hatten gedacht, es sei schon schlimm genug, mit Syphilis leben zu müssen.

MARIE SKLODOWSKA-CURIE (1867–1934) – PHYSIKERIN, CHEMIKERIN

- Die in Warschau im damals russisch besetzten Polen geborene Marie Sklodowska besuchte heimlich die sogenannte »Fliegende Universität«, bevor sie nach Paris ging, um an der Sorbonne Physik und Mathematik zu studieren.

- Marie heiratete ihren Tutor Pierre Curie, und gemeinsam leisteten sie bahnbrechende Arbeit auf dem Gebiet der Radioaktivität. Sie waren die Ersten, welche die Elemente Radium und Polonium isolierten.

- Den Physik-Nobelpreis von 1903 erhielten Marie, Pierre und Henri Becquerel gemeinsam für ihre Arbeit über Radium.

1911 war Curie der erste Mensch, der einen Nobelpreis in einer zweiten Kategorie bekam: Sie erhielt auch den Chemie-Nobelpreis.

- Nachdem ihr Mann bei einem Verkehrsunfall in Paris ums Leben gekommen war, schockte Curie viele durch eine Affäre mit einem verheirateten Kollegen.

- Das Element Curium ist nach Marie und Pierre benannt, ebenso die Maßeinheit der Radioaktivität, das Curie.

- Sie starb höchstwahrscheinlich durch eine Überdosis an radioaktiver Strahlung. Ihre Notizen und Papiere sind immer noch radioaktiv und werden in Spezialbehältern aufbewahrt.

10. KAPITEL

Das Vermächtnis des Genies

—— ⋅◆⋅ ——

»Kein Vermächtnis ist so reich
als Ehrbarkeit.«

WILLIAM SHAKESPEARE

DAS VERMÄCHTNIS DES GENIES

Und das ausgerechnet von dem Barden, dessen einziges Vermächtnis an seine Frau sein zweitbestes Bett war! Egal, nun, da Sie sicher sind, sich auf dem Weg zum Genie allererster Güte zu befinden, müssen Sie überlegen, welche historischen und kulturellen Spuren Sie hinterlassen wollen. Hoffen wir, dass es menschliche sind.

Über kulturelle Ikonen

Haben Sie den richtigen Look? Gibt es überhaupt Porträts von Ihnen? Das Medium – Marmorbüste, Öl auf Leinwand, Foto, Lehm – spielt so gut wie keine Rolle. Sie wissen ja, wie die Leute sind: Sie verbinden mit dem Namen gerne ein Gesicht. Wenn Sie großes Glück haben, wird Ihr Gesicht zur Ikone. Denken Sie an Einstein, an Shakespeare, an Marx.

Ist Ihr Gesicht unvergesslich, dann sind Sie es auch. Überlegen Sie, was Sie mit Ihrem Bartwuchs anstellen können, um aufzufallen oder intellektuell zu wirken. Vielleicht gelingt es Ihnen sogar, auch ohne Ihr Gesicht Ikonenstatus zu erlangen. Auf seltsame Art ist Michelangelos Skulptur David Michelangelo. Auf noch seltsamere Art ist die Mona Lisa da Vinci.

Zur Ikone zu werden heißt, dass Sie schließlich mehr verkörpern als nur sich selbst oder Ihre Ideen. Letzten Endes werden Sie zum Inbegriff des Genies selbst.

Der knuddelige Onkel Albert

Albert Einstein verkörpert, zumindest heute, das Zentrum des Kerns der Essenz des Genies. Seine Ideen waren radikal, entgegen jeder Intuition und hoch kompliziert. Dennoch hilft uns sein Bild – vor allem als alter Mann –, uns nicht von seiner Größe einschüchtern zu lassen. Er sieht etwas ungepflegt aus, wie ein lieber Großvater, und auf einem seiner berühmtesten Fotos streckt er die Zunge heraus, hat also auch eine nette, gar nicht förmliche Seite.

Sich in seinem Look an Einstein zu orientieren klingt nach einer vernünftigen Strategie, lässt sich aber kaum effektiv durchziehen – vor allem wenn Sie eine Frau sind. Außerdem riecht der Versuch, auszusehen wie Albert der Schlaue, doch stark nach Imitation und mangelnder Originalität. Und das sind keine genialischen Charakterzüge.

Wills Kraft

Shakespeare erscheint uns als Inbegriff einer bestimmten, wichtigen Epoche der englischen Geschichte und auch der englischen Literatur. Es ist der Beginn einer intellektuellen, kulturellen und imperialistischen Explosion. Shakespeare spiegelt sie in all seinen Stücken. Sein Bild, besonders das Chandos-Porträt, repräsentiert aber auch die Vorstellung vom genialen Autor – aufmerksam, distanziert, unergründlich.

Der Arbeiterbart

Marx ist ganz Bart. Der Bart selbst im Allgemeinen und nicht nur Marx'schen Sinne steht schon seit Langem für Weisheit und Erfahrung. Marx setzt ihn geschickt ein. Sein voller, eindrucksvoller Wuchs und der graue Heiligenschein lassen seinen Kopf groß wirken und damit voller Wissen und Bildung. Der Bart und die Augenbrauen zeigen überdeutlich seine Geringschätzung von Äußerlichkeiten (»Äußerlichkeiten sind nicht die Wahrheit, du Narr!«) und deuten auf lange Nächte im Arbeitszimmer beim Studium gewichtiger Bände. Das ikonenhafte Marx-Bild fasst die langen Jahre des Lesens und Denkens im Leben eines Genies zusammen – die ganze Gehirnakrobatik.

»Ach, der Rasiermesser-Typ!«

Was Sie noch tun könnten: sich ein unvergessliches Accessoire zulegen, das untrennbar mit Ihrem Namen verbunden ist. Ockhams Rasiermesser ist unvergesslich und weckt unsere Neugier. Wozu brauchte ein Mathematiker einen Rasierer? Das Archimedische Prinzip ist zwar einprägsam (»Ein in eine Flüssigkeit eingetauchter Körper verliert scheinbar so viel von seiner Gewichtskraft, wie das von ihm verdrängte Flüssigkeitsvolumen wiegt«), aber woran wir uns wirklich alle erinnern, das sind Archimedes' Sprung aus der Badewanne und der Schrei »Heureka!«. Also verschaffen Sie sich einen Slogan oder zumindest ein unvergessliches Accessoire für Ihre große Idee.

DIE MACKEN DER GENIES

Wollen Sie sich abheben? Legen Sie sich eine Macke zu.

- **Albert Einstein.** Einsteins Macke war, dass er die steife akademische Förmlichkeit ablehnte. Er hielt seine Vorlesungen lieber in gammeligen Pullovern und Filzpantoffeln.

- **Arthur Schopenhauer.** Es ist extrem, aber Schopenhauer verlegte sich darauf, alte Damen die Treppe hinunterzuschubsen.

- **Diogenes.** Diogenes von Sinope beschloss, sich von all diesen bedeutenden griechischen Philosophen dadurch abzuheben, dass er in einer Tonne lebte.

Warum wir den Glauben an Genies brauchen

Wenn es keine Genies gäbe, müssten wir sie erfinden. Und vielleicht haben wir das auch getan. Auf jeden Fall haben wir das Wort erfunden.

Ein bisschen Philologie kann an diesem Punkt nicht schaden. (Philologie klingt vielleicht wie ein großes Wort, ist es aber eigentlich nicht. Es hat nur zehn Buchstaben – genau wie »Blattsalat«. »Genius« ist lateinisch (möglicherweise auch verwandt mit *genie*, der französischen Version des arabischen *jinni*) und bedeutet »Schutzgeist eines Menschen oder Ortes«.

Der Begriff »Genie« enthält also bereits einen eingebauten gottähnlichen Supermacht-Aspekt. Aber erst im 17. Jahrhundert gewinnt er die Bedeutung, die wir wollen. Die Aufklärung benötigte jede Menge Genies, um die düsteren intellektuellen Spinnweben des finsteren Mittelalters zu vertreiben, deshalb tauchte dieses Wort auf – um Erstere zu beschreiben.

Alles ist möglich

Nehmen wir aber einmal an, es gäbe so etwas wie Genies nicht. Es gäbe nur Millionen von Menschen, deren intellektuelle Fähigkeiten sich in einem Spektrum von erstaunlich brillant bis unglaublich dumm bewegten. Das sähe ein bisschen nach Lotto aus, nur mit sehr viel schlechteren Gewinnchancen. Vielleicht gibt es kein Genie; vielleicht ist das nur eine Vorstellung, die uns gefällt und an die wir deshalb glauben.

LUDWIG WITTGENSTEIN (1889–1951) – PHILOSOPH

- Ludwig wurde als achtes Kind in eine reiche, kultivierte Wiener Familie hineingeboren. Die Wittgensteins erhielten häufig Besuch von Größen des künstlerischen Lebens wie Gustav Mahler und Johannes Brahms.

- Auf einem Schulfoto der Realschule im österreichischen Linz sieht man den Teenager Wittgenstein in nächster Nähe des Teenagers Adolf Hitler sitzen.

- Wittgenstein ist zwar ein anerkanntes philosophisches Genie, veröffentlichte aber nur ein einziges Buch, den *Tractatus Logico-Philosophicus*. Darin umreißt er seine bahnbrechende Philosophie von Sprache und Logik, die bedeutenden Einfluss auf die Psychologie und Psychotherapie hatte.

- Im Ersten Weltkrieg befehligte Wittgenstein eine österreichische Artilleriestellung. Er geriet in italienische Gefangenschaft, durfte aber von dort aus mit englischen Philosophen korrespondieren. Im Zweiten Weltkrieg arbeitete er in London als Krankenhauspförtner.

- Beim Tod seines Vaters erbte Wittgenstein das Familienvermögen. Einen Teil davon verschenkte er an österreichische Künstler und Dichter, darunter Rainer Maria Rilke.

- Wittgenstein bevorzugte einen asketischen Lebensstil. Da er glaubte, mit seinem *Tractatus* sämtliche philosophischen Probleme gelöst zu haben, wurde er Grundschullehrer, später kurze Zeit Klostergärtner. Schließlich ließ er sich überreden, in Cambridge Philosophie zu lehren.

So sichert man sich den besten Lexikoneintrag

Es ist wichtig, dass Sie sich jetzt überlegen, was über Sie geschrieben wird. Jede noch so kleine und unbedeutende Einzelheit jedes einzelnen kleinen Details Ihres historischen Fußabdrucks ist für den Biografen interessant. Sie müssen nachdenken über Abstammung, Kindheit, Liebesleben, Werk und Tod.

Babygenie

Keine bemerkenswerte Abstammung zu haben bedeutet natürlich noch lange nicht, dass Sie kein Genie werden können. Hinter den grauen Tüllgardinen der Vorstadtreihenhäuschen lauern viele stille Jungs und Mädchen, die nur auf die schicksalhafte Möglichkeit lauern, die sie und ihren Intellekt auf fruchtbareren Boden versetzt. Sollten Sie tatsächlich einen langweiligen Background haben, lauten die beiden beliebtesten Versionen »von ehrgeizigen Eltern überbehütet« oder »ständig sich selbst überlassen«. In jedem Fernsehdrama über Sie wird man diese Möglichkeit zur Rückblende dankbar umsetzen.

Und dann eines Tages ...

Es ist gut, in der Kindheit einen Augenblick der Erleuchtung zu haben, in dem Ihnen klar wird, was Sie mit Ihrem monumentalen Talent anfangen wollen. Inszenieren Sie ihn. Vielleicht sind Sie oben auf einem Hügel, am Rand einer Klippe oder klammern sich an den Turm einer gotischen Kathedrale.

Die Masse macht's auch. Die beängstigende Größe eines blutgetränkten Schlachtfeldes ergibt eine dramatische Szenerie. Bei der Kindheitserleuchtung selbst geht es im Grunde jedoch nur um die einsame Entdeckung. Halten Sie die Geschichte einfach, falls andere Leute dabei sein müssen. Die wiederholten Vorwürfe des unvergesslichen Mentors oder die letzten Worte des verrückten Bettlers klingen dem Historiker besser im Ohr als die Eroberungsschlacht um irgendeinen heute verlassenen Stadtstaat östlich von Persien – schlicht weil sie einfacher sind.

Extremes, bitte

Extremes kommt am besten, wenn Sie bei den Biografen etwas gelten wollen. Schreiben Sie über Ihren raschen Aufstieg in der Hofhierarchie oder Ihre seelenzermarternde Einsamkeit in städtischer Armut zu schreiben – mit undichtem Dach, schwindsüchtigem Husten und allem Drum und Dran.

Herzensangelegenheiten

Ein turbulentes Liebesleben ist eine gute Methode, sich hervorzutun. Heiße Affären, uneheliche Kinder und häusliches Chaos machen Sie menschlich. Jeder liebt Rohdiamanten. Brillanz und moralische Rechtschaffenheit gehen nicht Hand in Hand, und so können Herr und Frau Normaldenker entweder glauben, dass die Großen in gewisser Weise auch nicht besser sind als sie selbst oder, dass sie in gewisser Weise faszinierend schlechter sind.

Aber seien Sie vorsichtig. Manche »romantischen Praktiken« könnten dazu führen, dass Sie weniger wegen Ihrer Größe als wegen Ihrer Verderbtheit in Erinnerung bleiben.

Ihre Nobelpreisrede

Nun folgt eine Redenschablone zum Ausschneiden und Aufheben, wenn Sie Ihren Nobelpreis bekommen. Streichen Sie einfach die Möglichkeiten durch, die Sie nicht wollen, und schon können Sie loslegen.

»Meine Damen und Herren Akademiemitglieder, lassen Sie mich Ihnen zunächst von ganzem Herzen für die große Ehre danken, die Sie mir erweisen. Dass ich heute hier vor Ihnen stehe, verdanke ich nur ...

    a) Gott

    b) der Mitarbeit und Unterstützung von Kollegen

    c) der Unterstützung durch meine entzückende Frau / meinen Partner und meine Familie

    d) meiner eigenen Anstrengung

Als kleine- ...

    a) -r Junge

    b) -s Mädchen

War ich bereits fasziniert von

    a) Physik

    b) Chemie

    c) Medizin

    d) Literatur

    e) Frieden

Ich ging in meiner Heimatstadt spazieren und überlegte,

    a) welchen Weg das Licht nimmt

    b) woraus Luft besteht

   c) warum ich Kopfschmerzen hatte

   d) ob Worte beschreiben könnten, was ich sah

   e) wie friedlich es war

Diese Tage waren prägend und festigten meinen Entschluss …

   a) das Universum zu begreifen

   b) mir einen Chemiebaukasten zu besorgen

   c) mit Drogen zu experimentieren

   d) lesen zu lernen

   e) ein friedliches Leben zu führen

Seitdem ist mein Leben erfüllt von …

   a) Elend

   b) Freude

   c) Gelegenheiten

   d) Schwierigkeiten

Anerkennung zu erhalten für …

   a) die Entdeckung eines theoretischen Teilchens

   b) die Erschaffung eines brandneuen Schadstoffes

   c) die Synthetisierung einer neuen Droge, die
      Akne/Habgier/Schamgefühle heilt

   d) das Schreiben eines Romans über soziale
      Ungerechtigkeit/Globalisierung/Liebe über kulturelle
      Schranken hinweg/mein eigenes Sexualleben

   e) andauernden Frieden im Nahen Osten

… ist die Verwirklichung eines Traumes. Und da ich nun an diesem
wichtigen Punkt angelangt bin, fühle ich mich berechtigt …

   a) einen Rat

b) eine Warnung

… auszusprechen …

… für diejenigen, die nach Ruhm streben auf dem Gebiet

    a) der Physik

    b) der Chemie

    c) der Medizin

    d) der Literatur

    e) des Friedens

Was Sie zweifelsohne am allermeisten benötigen, das ist …

    a) Entschlossenheit

    b) Glück

    c) einen reichen Vater

    d) ein Bart

Schließlich glaube ich aus tiefstem Herzen daran, dass es die Rolle
des …

    a) Naturwissenschaftlers

    b) Größenwahnsinnigen

    c) Schriftstellers

    d) überflüssigen Politikers

… ist …

… die Welt zu einem …

    a) physischeren

    b) chemischeren

    c) medizinischeren

    d) wortreicheren

    e) … Ort zu machen. Ich danke Ihnen.«

11. KAPITEL

Klassenbeste

—◦—

»Ich bin der Größte.«

Muhammad Ali

KLASSENBESTE

WER SIND ALSO DIE BESTEN GENIES? UND WER IST DAS GENIE ALLER GENIES?
ES IST ZEIT FÜR KOMPARATIVE UND SUPERLATIVE. GENIALITÄT LÄSST SICH
MIT DEM SIMPLEN IQ-TEST MESSEN, ODER SIE KÖNNEN DIE TIEFGRÜNDIG-
KEIT DESSEN BETRACHTEN, WAS IHR GENIE FÜR DAS BEWUSSTSEIN DER
MENSCHHEIT GETAN HAT. GENIALITÄT IST EINE MENSCHLICHE EIGENSCHAFT,
ALSO ERWARTEN SIE KEINE NETTEN, GLATTEN ANTWORTEN.

Ein IQ für dich, ein IQ für mich …

Wer sich mit Genialität befasst, trifft auf einige spezielle Probleme, wenn er darüber nachdenkt, woran die Großen gemessen und wonach sie kategorisiert werden. Sehen wir uns den IQ an.

Dr. Catharine Morris Cox führte 1926 einige wahrscheinlich unzuverlässige Forschungen durch, um zu zeigen, wie die Geniewelt intelligenzquotientenmäßig aufgestellt ist. Wer sind also die großen Bosse der G-Welt? Tja, die vielgelobten Leitfiguren erhabenen Intellekts sind keine Politiker, keine Naturwissenschaftler, keine Künstler – es sind Philosophen. Ja, Philosophen. Nach allen möglichen fragwürdigen Zahlenspielchen stehen sie mit einem IQ-Durchschnitt von 160 da.

Seltsamerweise stehen ganz oben in Cox' Forschungsfantasie nicht die üblichen Verdächtigen. Wer ist der Vater aller Genies? Dieser Spitzentyp ist Johann Wolfgang von Goethe. Goethe, Sie wissen schon. Bestimmt vergehen nicht viele Tage Ihres Lebens, ohne dass Sie aus Goethes *Faust* zitieren?

Goethe war Schriftsteller, und die stehen im Schnitt weiter unten auf der Liste. Was also hat Goethe mit seinem gargantuaesken IQ für die Menschheit getan? Nun, ein Genie war er auf jeden Fall. Goethe war eine Art Universalgelehrter, etwas Naturwissenschaftler, etwas Politiker, überwiegend aber Dichter und Dramatiker. (Außerdem war er so bescheuert, Newtons Ideen zur Optik anzugreifen und Napoleon Bonaparte für den Retter der europäischen Zivilisation zu halten – der Witz ist, dass er dachte, die europäische Zivilisation sei zu retten.) Er entdeckte sogar den menschlichen Zwischenkieferknochen.

Stehen Sie auf der Liste?

Auf der Morris-Cox-Liste stehen Philosophen ganz oben, gefolgt von Naturwissenschaftlern, Schriftstellern, Staatsmännern, Musikern, Malern und, an allerunterster Stelle, Soldaten. Die Stichproben sind jedoch nicht repräsentativ, die klassische Antike ist nicht berücksichtigt, und das Ganze ist eine Art Übung mit der Aussage »Ja, Genies sind schlau«. Und ganz oben finden wir Universalgelehrte, sodass die Kategorien ein wenig unscharf wirken. Davon abgesehen aber mag jeder Listen. Auf Goethe folgen Emanuel Swedenborg (Naturwissenschaftler und Philosoph), Gottfried Leibniz (rationalistischer Philosoph, Mathematiker und Politiker), John Stuart Mill (liberaler Philosoph und Nationalökonom) und Blaise Pascal (Mathematiker, Naturwissenschaftler und Philosoph).

Sollten Sie sich von diesen Top Five enttäuscht fühlen, ist das nur verständlich. Keine Künstler, keine Musiker, keine Staatsmänner. Es ist ein bisschen europäisch, ein bisschen protestantisch, ein bisschen männlich. Irgendwie befriedigt diese Liste nicht. Thomas Chatterton und Sofia Kovalevskaja vor Mozart und Kopernikus? Das ist keine Liste, die den Leuten gefällt.

Der IQ ist eine Zahl. Goethe hatte 210, Einstein mickrige 160! Aber was bedeuten schon Zahlen?

TOP TEN IQ CLUB

- **210** Johann Wolfgang von Goethe (1749–1832) Deutscher Universalgelehrter (oder Besserwisser).

- **205** Emanuel Swedenborg (1688–1772) Schwedischer Naturwissenschaftler, Philosoph, Mystiker und Theologe.

- **205** Gottfried Wilhelm von Leibniz (1646–1716) Deutscher Universalgelehrter. Noch ein Besserwisser.

- **200** John Stuart Mill (1806–1873) Britischer Philosoph und Nationalökonom.

- **195** Blaise Pascal (1623–1662) Französischer Mathematiker, Physiker und Religionsphilosoph.

- **190** Ludwig Wittgenstein (1889–1951) Österreichischer Philosoph.

- **187** Bobby Fischer (1943–2008) In den USA geborener isländischer internationaler Schachgroßmeister und Schachweltmeister.

- **185** Galileo Galilei (1564–1642) Italienischer Physiker, Astronom, Astrologe, Philosoph. Und Häretiker.

- **185** René Descartes (1596–1650) Begründer der modernen Philosophie und Vater der modernen Mathematik.

- **180** Madame de Staël (1766–1817) Schweizer Schriftstellerin. Auch bekannt unter dem Namen Anne Louise Germaine de Staël.

Die unlösbare Gleichung

Und hilft uns diese Genieligatabelle wirklich weiter? Künste und Naturwissenschaften bauen sämtlich auf vorhandenen Erkenntnissen und Errungenschaften auf. Sie benutzen Werkzeuge, die andere entwickelt haben. Da Vinci, intellektueller Superstar, hätte niemals die Glühbirne erfinden können, weil die Mittel dafür einfach nicht vorhanden waren. Würde Shakespeare heute leben, wie man so gerne sagt, würde er anders schreiben, da sich die englische Sprache verändert hat. Also steht uns ein Teil seines Genies nicht mehr zur Verfügung. Niemand erwartet, dass moderne literarische Genies im elisabethanischen Stil schreiben. Vergleiche funktionieren einfach nicht – x ist nicht gleich y.

»Man merkte immer, dass sie ein Genie war«

Falls Sie ein Genie sind, können Sie sicher sein, dass die Leute über Sie reden. Eine Methode, die Bedeutung von Genies zu ermessen, besteht daher darin zu hören, was andere über sie sagen.

Der Schriftsteller Henry James sagte über seinen Schriftstellerkollegen Rudyard Kipling, ihm persönlich erschiene er als der vollkommenste Inbegriff von Genialität (nicht zu verwechseln mit scharfer Intelligenz), den er kenne. Eine sehr schöne Beurteilung, die Kipling sich ausschneiden und in seinen Lebenslauf einkleben konnte.

Schnellquiz »Wer könnte was über wen gesagt haben?«

1. »Trotz all seiner Güte, Geselligkeit und Menschenliebe war er doch
    völlig isoliert von seiner Umgebung und den darin lebenden
    Menschen.«
    a) Max Born über Albert Einstein
    b) Claude Monet über Titian
    c) Federico García Lorca über George Bernard Shaw

2. »Nein, ich habe ihn nicht gelesen – er ist mir viel zu tiefgründig.«
    a) Ludwig Wittgenstein über Søren Kierkegaard
    b) John Stuart Mill über David Hume
    c) Arthur Miller über Henry Miller

3. »Behaltet ihn im Auge. Eines Tages wird er der Welt
    Gesprächsstoff liefern.«
    a) Wolfgang Amadeus Mozart über Ludwig van Beethoven
    b) Robert Greene über William Shakespeare
    c) Henri Matisse über Jackson Pollock

4. »Manchmal hat er ein bisschen geschwindelt, sonst hat er aber die
    Wahrheit gesagt.«
    a) Huckleberry Finn über Mark Twain
    b) Franklin Roosevelt über Winston Churchill
    c) William Wordsworth über William Blake

Der Einfachheit halber ist die richtige Antwort jeweils a).

»Er hat mein Leben verändert«

»Jeder große Mensch hat eine rückwirkende Kraft: Alle
Geschichte wird um seinetwillen wieder auf die Waage
gestellt, und Tausend Geheimnisse der Vergangenheit
kriechen aus ihren Schlupfwinkeln – hinein in seine
Sonne.« – Friedrich Nietzsche

Vielleicht möchten Sie Genialität mittels anderer Kriterien bewerten, die günstiger für den eigenwilligen Intellekt ausfallen.
Wie hat Genie X mein Leben beeinflusst? Auf welche Weise bestimmen seine oder ihre Ideen unser Denken? Welchen Beitrag
leistete das Genie zum Verständnis der Menschheit für ihren
Platz im Universum? Und so weiter. Es bieten sich diverse Mess-
möglichkeiten an.

Das ist die Chance für Erfinder und Künstler. Leute wie
Thomas Edison und Nikola Tesla, ja sogar Tim Berners-Lee oder
Bill Gates hatten Ideen, aus denen die Mechanismen und Appa-
raturen entstanden, die unser modernes Leben bestimmen. Und
das ist wahrscheinlich auch gut so. Menschen wie Johann Sebastian Bach und Mahler und Verdi und selbst Bob Dylan können
die Art, wie Menschen denken und fühlen, reflektieren und
beeinflussen. Okay, das konnten Hitler und Stalin auch. Aber das
ist nicht dasselbe. Bach überlebt sie mit größter Leichtigkeit.

134

Die Wahrheit über Philosophen

Was macht Philosophen zu den genialsten Genies? Frei nach Plato: »Was zum Teufel ist überhaupt ein Philosoph?« Nun, sie sind die ursprünglichen Liebhaber der Wahrheit – *philos* heißt liebend und *sophos* heißt weise. Sie tauchen im Genie-Territorium so früh auf, weil sie die Einzigen sind.

Als antiker Philosoph konnte man alles studieren – Mathematik, Naturwissenschaften, Astronomie, Physik. All diese Worte haben ihren Ursprung in relativ allgemeinen griechischen Wörtern mit Bedeutungen wie »ansehen«, »teilen«, »nachdenken«, »wissen«. Falls Sie in der Antike irgendeine Art von analytischen Studien betrieben, waren Sie Philosoph.

Und die Errungenschaften der Griechen gelten noch heute. Wenn Sie sich heute einen Philosophen vorstellen, stellen Sie ihn sich vermutlich bärtig vor, mit Toga und Wachstafel, nicht etwa jemanden in Cordjacke und sehr eckiger Brille.

Was ist Wahrheit?

Philosophen wollen wissen, was es zu wissen gibt. In dieser Hinsicht sind sie also genau wie normale Menschen. Die meisten Leute jedoch glauben Dinge zu wissen und belassen es einfach dabei. Dem Philosophen reicht das nicht.

Die Startrampe des Philosophen ist die sokratische Methode. Das bedeutet, Dinge zu hinterfragen, die man normalerweise nicht hinterfragt.

PLATO (427–347 V. CHR.) – PHILOSOPH

- Plato war der Begründer der Athener Akademie, an der Aristoteles studierte. Die Akademie existierte über 900 Jahre, von 387 v. Chr. bis 529 n. Chr., als sie schließlich von Kaiser Justinian geschlossen wurde, weil sie dem neuen christlichen Reich zu heidnisch war.

- Plato war nicht sonderlich begeistert von der Vorstellung einer Demokratie und glaubte stattdessen an die Herrschaft von Philosophenkönigen.

- Der Philosoph war ursprünglich Ringkämpfer (Plato ist ein Spitzname und bedeutet "breitschultrig") und Soldat im Peloponnesischen Krieg. Danach gehörte er der Regierung an, überwarf sich aber mit den dreißig Tyrannen?

- Plato war ein Schüler von Sokrates und könnte seinem Prozess beigewohnt haben. Er schrieb die sokratischen Dialoge – Sokrates selbst hat nichts geschrieben. Gelehrte sagen, die späteren Dialoge seien immer weniger sokratisch und zunehmend platonisch.

- *Die Republik* ist Platos Schlüsseltext. In der um 360 v. Chr. entstandenen Schrift legt er seine Vorstellungen über Regierung, Gerechtigkeit und die Rolle des Philosophen dar.

- Plato hatte mit Sicherheit seine irren Momente. Etwa bei dem Vorschlag, Homer des Landes zu verweisen und seine Werke neu zu schreiben.

Bei Fragen wie »Woher weiß ich, dass ich existiere?«, oder »Was bedeutet Gerechtigkeit?«, oder »Wie kann ich über das Unsagbare sprechen?« – muss man vorsichtig sein; sie könnten Ärger machen. Als Philosoph muss man nicht nur die richtigen Antworten, sondern auch die richtigen Fragen formulieren.

Der Philosoph des 21. Jahrhunderts

Die Philosophen von heute sind immer noch Universitätsdozenten – genau wie Plato. Heute tragen sie allerdings keine Togas mehr, nicht einmal Krawatten, und sitzen in schlecht beleuchteten Aufenthaltsräumen und diskutieren … nun, über die Art von Dingen, über die sie schon immer diskutiert haben. Wenn sie gut sind, dürfen sie vielleicht durch die Universitäten touren und »Gastvorlesungen« halten, womit sie zu darstellenden Künstlern werden.

Philosophen haben es schwer, jene Anerkennung zu erhalten, die sie sich historisch verdient haben, denn unsere schnelllebige, hochtechnisierte moderne Gesellschaft ist – amüsiert und getröstet von den Myriaden funkelnder Zerstreuungen, die das ausufernde kapitalistische Konsumdenken mit sich bringt – schnell bereit, sich in philosophischen Gewässern zu suhlen, die so flach sind, dass Kleinkinder ohne große Angst um ihre Sicherheit darin herumwaten können. Die goldenen Zeiten des professionellen Denkers, der Philosophenkönige unterrichtet, damit sie mediterrane utopische Staaten regieren können, sind längst vorbei. Ein Weltherrscher braucht heutzutage eher einen Medienberater als einen Philosophen. Traurig, aber wahr.

Warum ich kein Genie bin

Die Sache mit Genies ist die, dass man es nie wissen kann. Eigentlich müsste ich auf dem einen oder anderen erhabenen Gebiet glänzen. Ich habe einen makellosen Background, daher ist mir die Sache ziemlich schleierhaft. Die Zeichen standen eigentlich immer ziemlich gut.

Auf jeden Fall wurde ich von meinem Vater überbehütet. Er hat Lehrer für mich angestellt, als ich gerade mal drei war. Als kleines Kind bekam ich einen Abakus, einen Globus, einen Kompass, ein Geometrie-Set, einen Chemiebaukasten und ein Mikroskop geschenkt. All diese Objekte waren magischer Inspirationsstaub für meine Fantasie. Ich machte aus dem Abakus einen Lastwagen, verwendete den Globus als Bowlingkugel, die Reagenzgläser aus dem Chemiekasten als Kegel und benutzte den Kompass, um meiner kleinen Schwester weiszumachen, wenn ihr Herz nicht ständig nach Norden zeige, müsse sie sterben, und mit dem Geometrie-Set und dem Mikroskop vollzog ich einen Mikro-Voodoo an ihren Puppen. Musikunterricht hatte ich bei einer Miss Anne Dante, die mir beibrachte, Cello wie Pablo Casals, Klavier wie Wladimir Horowitz, Fagott wie Joseph Holbroke und Kornett wie Bix Beiderbecke zu spielen. Meine Schwester lernte bei ihr Mundharmonika spielen wie Sonny Boy Williamson. Ich hatte immer das Gefühl, sie wollte nicht, dass wir unseren eigenen Stil fanden. In Mathematik und Theologie unterrichtete mich Otto O'Brandt, ein feuriger, aber gestörter irisch-deutscher Katholik-Protestant. In Mathe ging es meist um Wahrscheinlichkeit, und wir verbrachten viel Zeit damit, die Rennzeitung zu lesen und Quoten und Variablen zu berechnen.

Mit 14 kam ich in die Lehre zu dem italienischen Maler Tino Bassanini. Das Erste, was ich bei ihm lernte, waren Trinken und Bordellbesuche, aber sein Pinselstrich war vorbildlich, und die Tatsache, dass er ein ausschweifender Wüstling war, wirkte sich lediglich insofern aus, als er gelegentlich für sechs Wochen verschwand. Schlimm war, dass er nicht zu meiner Ausstellung in Florenz erschien, auf der ich meine beiden besten Gemälde zeigte – *Der Tag nach der Aufhebung der Belagerung von Mafeking* und *Das Wrack der Hesperus II*. Später hörte ich, dass er nicht kommen konnte, weil er sich mit meinem Vater duellierte. Was auch immer geschah, Mr Bassanini tauchte jedenfalls nie wieder auf, und die Ausstellung war ein begrenzter Erfolg, also beschloss ich, mich eine Weile der akademischen Laufbahn zu widmen.

Ich ging an die Sorbonne, indem ich dort Reinigungskraft wurde. Nach etwa drei Jahren überredete ich mithilfe eines kleinen finanziellen Bonbons, das mir Mr O'Brandt von den Cayman Islands schickte, einen Studenten, der eine Arbeit über das moderne Ich schrieb, seinen Namen durch meinen zu ersetzen, ein paar Prüfungen zu absolvieren und einen Abschluss in vergleichenden Studien zu den sozialen und kulturellen Auswirkungen der wissenschaftlichen Theorie zu machen.

Nachdem ich meinen Abschluss an der Sorbonne hatte, wandte ich dieselbe Methode an, um in Harvard in vergleichenden Studien der wissenschaftlichen Auswirkungen sozialer und kultureller Theorie zu promovieren. Dann verschaffte ich mir mit diesen Abschlüssen einen Job am CERN-Forschungszentrum in der Schweiz. Ich kam zu einem ungünstigen Zeitpunkt – die W- und Z-Bosonen waren bereits entdeckt, und das NA48-Experiment zum Zerfall des Kaons lag noch ein paar Jahre in der Zukunft –, und ich wurde nie so richtig warm damit. Ich hatte ohnehin vor, die Schweiz zu verlassen, und wollte mich als Theaterautor in London versuchen.

Natürlich verdient man als Theaterautor am Anfang nicht viel. Und meine Schwester, die sich gerade einen reichen Industriellen geangelt hatte, suchte ein Steuerschlupfloch. O'Brandt schnürte das Paket, und schon verfügte ich über ein gewisses Startkapital. Ich beschloss, so groß wie möglich einzusteigen, und schrieb deshalb *Hamlet* von William Shakespeare um, machte eine Musicalkomödie daraus und verlegte die Handlung nach Oklahoma. Die Monologe wollte ich als Rap schreiben, zweifelsohne genau das, was Shakespeare machen würde, wenn er heute lebte, und war ziemlich zufrieden (wenn ich das so sagen darf) mit der großen Solonummer *Was ist die Frage?*, die ein paar schöne fette Beats hatte, aber die ursprünglichen Jamben »Cool oder nicht cool, bin ich's, bin nicht ich's« beibehielt. Ich fand, die Essenz von Shakespeares Stück sei erhalten geblieben, nur ohne die Sache mit der Rachetragödie, aber kaum ein Theater wollte es spielen. Die Rolle des Hamlet oder Buddy Ham, wie ich ihn nannte, erfordert einen Schauspieler von besonderer Sensibilität, und der Typ, den ich engagierte, erwies sich als Psychopath. Während der Proben versuchte er mich mehrmals zu erdolchen.

Vielleicht stelle ich demnächst wieder in Galerien aus – ich habe gerade für eine Madrider Galerie eine Videoinstallation zum Thema der Farbe Flohbraun geschaffen –, mein nächstes Projekt aber sind mathematische Forschungen. O'Brandt und der vierte Mann meiner Schwester, ein Minister, haben mir einen Beratervertrag am Institut für ethischstatistische Analyse an einer schottischen Universität besorgt. Es kann gut sein, dass daraus eine zweite schottische Aufklärung erblüht und mein Genie endlich anerkannt wird.

WHO IS WHO IN
WIE MAN EIN GENIE WIRD

Bastei Lübbe Taschenbuch
Band 60609

1. Auflage: Februar 2009

Vollständige Taschenbuchausgabe

Bastei Lübbe Taschenbücher in der Verlagsgruppe Lübbe

Deutsche Erstausgabe

Für die Originalausgabe:
© 2007 by Elwin Street Limited
Titel der Originalausgabe: »How to Be a Genius«
Für die deutschsprachige Ausgabe:
© 2009 by Verlagsgruppe Lübbe GmbH & Co. KG, Bergisch Gladbach
Titelillustration und Illustrationen im Innenteil: Robin Chevalier
Umschlaggestaltung: Gisela Kullowatz
Satz: Bosbach Kommunikation & Design GmbH, Köln

Conceived and produced by
Elwin Street Productions
3rd Floor, 144 Liverpool Road
London N1 1 LA
www.elwinstreet.com

Printed in China
ISBN 978-3-404-60609-2

Sie finden uns im Internet unter
www.luebbe.de
Bitte beachten Sie auch: www.lesejury.de